Ahora es tu MOMENTO

Por la piscóloga ***Gema Sánchez Cuevas***

Ahora es tu MOMENTO

Claves para sanar y ser feliz

Grijalbo

Papel certificado por el Forest Stewardship Council®

Primera edición: enero de 2022

Printed in Spain - Impreso en España

ISBN: 978-84-18055-36-2
Depósito legal: B-17617-2021

Maquetación: Fotocomposición gama, sl
Impreso en Gómez Aparicio, S. L.
Casarrubuelos (Madrid)

DO 55362

Índice

PRÓLOGO 7

1. SER FELIZ ES POSIBLE 9
Y tú, ¿qué harías si no tuvieras miedos? Romper cadenas para ser libres 13
La relación entre la felicidad y el sufrimiento 20
El cociente de la valentía, la fórmula de la libertad 24
¿Cuáles son tus fortalezas? 26

2. MIRAR EL MUNDO DESDE LA CIMA: CRECER EN RESILIENCIA 33
¿Qué hay en tu historia personal? ¡No temas! 36
El rincón psicológico: el corazón de la resiliencia 42
La fuerza que hay en tu vulnerabilidad 44
Ser fuerte a pesar de las tormentas: la construcción y el desarrollo de la resiliencia 47

3. BUSCAR EL PLACER: EL HÁBITO QUE NOS ESCLAVIZA 53
Felicidad y placer no son lo mismo 56
La dopamina, la sustancia que nos domina 59
Invertir en bienestar y no tanto en placer 62

4. CONECTAR CON LAS EMOCIONES: SENTIRSE BIEN ES POSIBLE 67
Las emociones, esas grandes desconocidas 70
La aceptación emocional: el primer paso hacia la felicidad 77
Poner palabras a cómo nos sentimos: la expresión emocional 79
Estrategias para gestionar emociones 81

5. AMARSE DE VERDAD: FORTALEZAS PSICOLÓGICAS PARA QUERERSE 93
Amor propio: el reencuentro con uno mismo 97
La aceptación: el requisito fundamental para sanar 108
Más allá de la autoestima 110

6. CONECTAR DESDE EL CORAZÓN: LA MAGIA DE LAS RELACIONES 115
La magia de la conexión emocional 119
El amor maduro y las parejas conscientes 122
El poder de transformación del amor 131

7. HACER FRENTE A LOS DÍAS DIFÍCILES: FÓRMULAS QUE FUNCIONAN 137
Aprender a decir adiós: cómo poner punto y final 141
No eres menos que nadie: cómo lidiar con el sentimiento de inferioridad 147

A veces es mejor tener paz que tener razón 149
No puedes controlarlo todo, y no pasa nada 152

8. VIVIR CON SENTIDO: FLEXIBILIDAD, CALMA, COMPASIÓN Y PAZ 159
Una mente flexible: la importancia de los matices 163
Más autocompasión y menos lástima 167
Cómo ser mejor persona 173
Carta para los momentos difíciles 178

BIBLIOGRAFÍA 187

Prólogo

Cuando el mundo que conocemos ya no nos sirve, tenemos que crear un mundo más amable en el que podamos vivir. Y ese mundo está en nosotros mismos.

Conectarnos con nuestras fortalezas y recursos, pero cambiar nuestra mirada al mundo y a nosotros mismos es el camino para sentirnos conectados con la vida y, por supuesto, sentir felicidad. Aunque a veces esta llega a ratos. Y a veces también se va. Y ahí en medio estas tú, afrontando la situación con una mirada reducida y los recursos disponibles. La buena noticia es que puedes aprender a actuar de otra manera para afrontar mejor la vida.

Cuando escribí mi libro *Autoamor*, descubrí que amarse a uno mismo de forma incondicional está más relacionado con la felicidad de lo que nos habían contado. La forma en la que te amas determina cómo te relacionas contigo mismo, lo que te permites sentir, lo que sientes que mereces y lo que haces para estar donde quieres estar. Por ello, te invito a leer este libro prestando especial atención a estos aspectos y a la medida en que te permites ese amor, esa calma emocional y esa felicidad en tu vida.

Gema nos regala en este libro un camino de baldosas de colores, donde cada parada nos invita a revisar esos elementos que sin duda influyen en cómo te sientes, cómo vives tu vida y cuán feliz eres. Felicidad, fortalezas, resiliencia, autoamor, el sentido de tu vida, y muchas otras emociones que te ayudarán a ser más consciente de cómo vives y a crear tu propio camino de baldosas de colores para elegir cómo quieres vivir a partir de hoy.

Disfruta de tu viaje.

LAURA CHICA

Psicóloga y escritora

Autora de los best seller *Autoamor* y *365 Citas Contigo*

es posible

es posible

es posible

es posible

es posible

es posible

es posible

es posible

es posible

es posible

1

Ser feliz **es posible**

Todos queremos ser felices. Vivimos deseando que llegue ese día en el que cerremos los ojos, hagamos una respiración profunda y una agradable sensación de bienestar recorra todo nuestro cuerpo al pensar que eso que estamos experimentando es felicidad. ¿A quién no le gusta sentirse bien?

Lo que ocurre es que parece que no es tan fácil saborear esta emoción. Quien más, quien menos, la tiene en su lista de «pendientes», en sus metas a conseguir, pero no logra alcanzarla. ¿Será que nos han engañado? ¿Existe o no existe la felicidad? ¿Qué hacer para conseguirla?

Existen muchas preguntas en torno a ella, pero en este momento no vamos a detenernos a analizar todas sus respuestas. Es más, te diría que hay tantas como habitantes en este mundo. Lo que vamos a hacer a lo largo de estas páginas es indagar en ti.

El objetivo es que te conozcas, que abras tu mente, pero también tu corazón. Por ello, es necesario que respondas a estas primeras preguntas con total sinceridad, sin prisa, pero sin pausa.

¿Qué es la felicidad para ti?

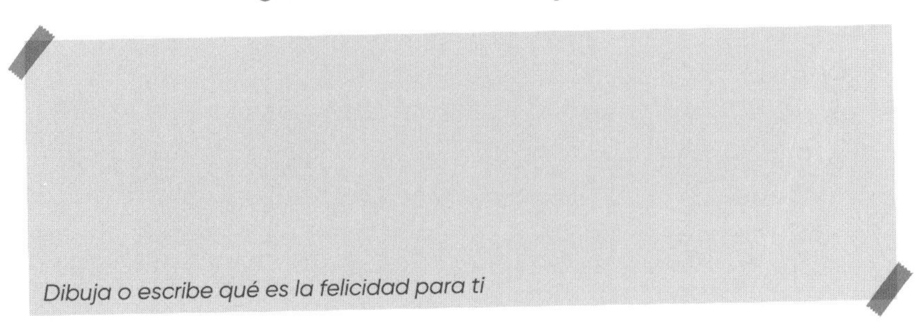

Dibuja o escribe qué es la felicidad para ti

¿Qué te hace feliz?

¿Qué tal? ¿Cómo te has sentido? A veces no es tan fácil dar una respuesta, ¿verdad? Sobre todo, cuando tiene que ver con uno mismo. No te preocupes, es normal. Incluso si no has sido capaz, no pasa nada. Eso sí, lo que hayas pensado dice mucho sobre ti, aunque no te lo creas. En algún momento volveremos a estas preguntas.

Ahora que ya has empezado a entrar en contacto contigo mismo, vamos a iniciar un recorrido por el universo de la felicidad. Quizá haya paradas que ya conocías, pero estoy segura de que algunas otras te sorprenderán o, al menos, te harán pensar y cuestionar algunas de tus creencias. Cuando esto último pase, párate y tómate tu tiempo; no descartes las preguntas ni lo que te haga sentir incómodo, todo lo contrario. Reflexiona sobre qué hay detrás de esa incomodidad, **para qué te sirve** y **qué quiere decirte.** De hecho, te invito a que escribas sobre ello. Puedes coger una libreta, ponerle nombre y apuntar allí todo lo que vaya surgiendo a raíz de estas páginas.

Al final tendrás un diario muy íntimo sobre ti, un espacio personal en el que estarán reflejados tus sentimientos y pensamientos, pero también algunas claves que te ayudarán a seguir adelante, sentirte mejor y ser feliz.

Trabajar con uno mismo es una experiencia maravillosa. ¿Estás preparado? ¡Comienza la aventura!

Y tú, ¿qué harías si no tuvieras miedos? Romper cadenas para ser libres

La cueva a la que temes entrar
contiene el tesoro que deseas.
JOSEPH CAMPBELL

¿Qué harías si no tuvieras miedos? Piénsalo bien. Seguro que un mundo de posibilidades se abre ante ti.

El miedo puede llegar a ser una emoción muy limitante, tanto que, por «miedo a...», a veces has dejado de hacer ciertas cosas, evitado otras y escapado de unas cuantas. Lo cierto es que la mayoría de las veces aquello que temes no está en la realidad,

Tengo miedo a...	Si este miedo desapareciera, yo...
....	....
....	....
....	....
....	....
....	....
....	....

Lo que quieres, pero no te atreves

sino en tu mente. Es ella la que te comienza a bombardear con pensamientos sobre lo que puede pasar, y tú eres quien le da veracidad, quien cree cien por cien en todo lo que te cuenta. Ahora bien, **¿por qué fiarte tanto de tus pensamientos?** No todo lo que crees es verdad, sino fruto de tu historia, de lo que has vivido, aprendido, visto, sentido, etc. Tu mente también se confunde. ¿Qué tal si empiezas a cuestionarla?

El miedo siempre está dispuesto
a ver las cosas peor de lo que son.
TITO LIVIO

Si das rienda suelta a tus miedos, probablemente crezcan cada vez más. No porque quieran perjudicarte, todo lo contrario. Su fin es protegerte. El problema es que la estrategia que ponen en práctica es errónea. **Tus miedos aún piensan que estás en la prehistoria**, cuando correr, escapar o evitar eran los mecanismos más importantes que aseguraban nuestra supervivencia. Es decir, a pesar de que hemos evolucionado bastante, nuestro cerebro aún cuenta con formas de trabajar muy primitivas. Así, cuanto más evites una situación, más entenderá tu cerebro que es peligrosa y, por lo tanto, no tendrá ningún interés en afrontarla.

Esta forma de actuar al principio puede resultarte placentera o, al menos, gratificante: «¡Menos mal que no tengo que pedir ayuda!», «¡qué bien que al final no tengo que quedar!» o, incluso, «¡ya lo haré más adelante!». **Escapar de una amenaza proporciona cierto alivio, la cuestión es que a la larga el problema se mantiene.** Es decir, tarde o temprano eso que tanto temes volverá a aparecer en escena y esa vez será con mucho más protagonismo de lo que pensabas.

¡Evitar el miedo no lo elimina, lo alimenta!

Con esto no quiero decirte que lo ideal sea no experimentar miedo, más bien que lo adecuado es tratar de afrontarlo. Sin embargo, como ves, no es tan sencillo. Y no solo porque tu mente tenga ese funcionamiento primitivo, sino porque además **eres un experto en evitar aquello que no te hace sentir bien.** En realidad, todos lo somos y de las formas más variopintas que te puedas llegar a imaginar. Desde trabajar, hacer cosas y no parar, escuchar música, salir y quedar con gente, ver capítulos de series uno tras otro y hacer *scroll* en redes sociales hasta pensar, comer, practicar deporte, leer o cualquier otro *hobby*. El ser humano es un gran escapista de aquello que le hace sufrir. De ahí que sea importante que te pares a reflexionar sobre qué haces para no enfrentarte cara a cara con tus miedos.

¿Cuáles son tus mecanismos de evitación?

(Pistas: ¿qué sueles hacer cuando te sientes mal?, ¿con qué parcheas tu malestar?)

- ....
- ....
- ....
- ....
- ....
- ....

Lo que has escrito son las formas que utilizas para regular tu malestar. Quizá algunas te sirvan, pero **la mayoría son un obstáculo en tu camino hacia el bienestar**, porque evitan que entres en contacto con aquello que te preocupa, te duele o te molesta. Incluso, en ocasiones, hay quien utiliza el pensamiento para escapar: comienza a darle vueltas a ciertos temas sin parar, se enreda en sus hipótesis e ideas y se evade de aquello que teme e incluso, en muchos casos, que lo enriquece. Esto sucede porque existen dos tipos de evitación: la evitación por anticipación y la evitación por huida.

En el primer caso, se anticipa una situación desagradable y se intenta hacer todo lo posible para alejarse de ella, mientras que, en el segundo caso, directamente se centra toda la energía en intentar escapar porque ya se está inmerso en una situación incómoda.

En la evitación por anticipación suele haber ficción, ya que somos nosotros los que creemos que algo puede pasar, aunque no sea así, y actuamos en consecuencia, lo que lleva a más de un desastre. Por ejemplo, quienes están convencidos de que su pareja los va a dejar empiezan a poner distancia, evitan mucho más el contacto y se comportan de forma distinta para protegerse, lo que provoca una reacción en el otro —que no tiene pensado romper, pero ante esta actitud se mantiene más frío de lo normal— y esto puede desembocar en un punto y final. Esta situación, mucho más frecuente de lo que pensamos, tiene su origen en el miedo. Un miedo que seguramente es fruto de heridas del pasado (infidelidad, rupturas sucesivas, etc.), pero que, si no se reconoce, aparece en el momento más inoportuno, como los fantasmas, y lleva a actuar de una manera que tiene como consecuencia el arrepentimiento. Lo más adecuado sería hablar con la pareja sobre las propias preocupaciones, pero claro, esto implica afrontar aquello que tanto se teme (en este caso, el miedo al abandono o al rechazo).

La cuestión aquí es identificar que nos estamos anticipando, es decir, reconocer que hay algo que nos preocupa y que, por miedo, damos rienda suelta a nuestro pensamiento y comenzamos a generar mil y una hipótesis.

Para romper con esta inercia, las siguientes preguntas pueden ser muy útiles:

- ¿Qué evidencia existe a favor de eso que estoy pensando? ¿Y en contra?
- ¿Cuál es la probabilidad de que esté interpretando de forma correcta la situación?
- ¿Estoy sobreestimando la posibilidad de que ocurra aquello que pienso?
- Si otra persona tuviera esa preocupación, ¿qué le diría?

En la evitación por huida, la ficción es menos probable que ocurra, ya que sí existe una situación desagradable. Por ejemplo, cuando un miembro de la pareja le dice al otro que no se encuentra bien con la relación y que tiene dudas, pero sigue actuando como si nada. Evita confrontar la realidad y pretende que su día a día continúe como hasta ahora. En este caso, la huida puede ser no solo física, es decir, salir de la situación en la que se está, sino también mental o psicológica a través de la indiferencia. La cuestión es que huir es evitar y, al final, no afrontar.

Sea como sea, tanto en un tipo de evitación como en otro, **escapar alivia y restaura la sensación de calma** de forma momentánea. A corto plazo, funciona como un reforzador, por lo que, cada vez que pase algo que nos haga sentir mal, es muy probable que sigamos recurriendo a esta estrategia; pero a largo plazo, precisamente la evitación mantiene el problema.

En el caso de las relaciones de pareja, tanto si se pone punto y final a la relación como si se adopta una actitud de indiferencia, el miedo a ser rechazado o abandonado permanece en un segundo plano, por lo que en la próxima relación volverá a hacer de las suyas.

El miedo te atrapa poco a poco en su telaraña y cambia el rumbo de tu vida. Te vende la evitación como la estrategia que te va a ayudar a sentirte mejor, aunque sea todo lo contrario. Entonces ¿qué hacer?, ¿cómo actuar?

Hay que romper cadenas, dejar de ser esclavos del miedo. Y para ello, el primer paso es aceptar que tienes miedos que te gobiernan y que han crecido junto a ti. De hecho, estos se nutren de tus experiencias pasadas y aparecen de vez en cuando en el presente para avisarte de que algo puede ocurrir en el futuro. Es como si siempre tuvieran asuntos pendientes, por lo que la mejor opción es tratar de descifrarlos.

¿Para qué me sirve este miedo? Es una de las preguntas claves para resolver su misterio. Al miedo hay que comprenderlo, pues no se puede eliminar por completo. Si luchas contra él, se hará más fuerte, y si tratas de dominarlo, puede que se esconda tras muchas de sus máscaras (aburrimiento, tristeza, mentira, prudencia, etc.). Acéptalo como tu compañero, pero no apartes la mirada, obsérvalo de frente: **¿qué función cumple en tu vida?, ¿de qué te está protegiendo?** Eso sí, no tengas prisa, se trata de un proceso que lleva su tiempo. Te advierto que comprenderlo no hará que desaparezca, ni que se solucione todo por arte de magia. Se trata de darle un sentido y, con él, en la mayoría de las ocasiones perderá su fuerza.

Ten en cuenta que a veces no será fácil, pues puede que tus miedos te hayan arrebatado la confianza que tenías en ti mismo y, con ello, tu valor personal. Por ello, **ve con precaución para no entrar en su juego**, para no dejarte llevar por aquello que te cuenta con tal de llevarte a su terreno. Reflexiona sobre cómo funcionas cuando experimentas miedo, y protégete. De hecho, puedes iniciar un diálogo con él, si lo necesitas, y decirle cómo te hace sentir, de qué manera te limita y qué piensas sobre él. Una vez hecho esto, reflexiona sobre qué necesita para sentirse comprendido y crecer.

Al miedo hay que tratar de comprenderlo para saber qué nos dice... Solo así podremos romper cadenas y liberarnos de sus trampas.

La relación entre la felicidad y el sufrimiento

La vida es un sendero repleto de vivencias de diferentes tonos e intensidades. En ella hay instantes de alegría y felicidad, de esos que se quedan grabados en nuestras retinas y que no queremos olvidar, porque, al recordarlos, dibujamos una sonrisa; pero también hay momentos difíciles, impregnados de dolor y sufrimiento, que en muchas ocasiones querríamos eliminar.

Vivir es un ir y venir, y a veces un volver a empezar, un reinventarse, un reconstruirse. Lo que ocurre es que para ser felices hay que ser capaz de atravesar aquello que nos hizo daño, solo así podremos rehacernos en la medida de lo posible.

El sufrimiento es una parte intrínseca de la vida. Así es, aunque nos cueste aceptarlo y a pesar de que, precisamente, el mensaje que nos envía la sociedad actual sea todo lo contrario: «¡Huye del sufrimiento!»,«disfruta y olvídate de lo que te hace daño», «distráete», «busca el placer para evadirte». De hecho, cuanto más impera este estilo de vida, más sufrimos.

Cuanto más aspiramos a no sufrir ni por nada ni por nadie, más infelices somos y más vacíos nos encontramos.

La huida nunca será el camino para sentirnos mejor, pues todos tenemos heridas, todos pasamos por momentos difíciles en los que no sabemos qué hacer y el sentimiento de estar perdidos se apodera de nosotros. Si hay algo que tenemos en común en nuestras biografías, es esto. Cierto es que algunas historias son más duras que otras y que no todo está bajo nuestro control, pero sí hay ciertos aspectos sobre los que podemos responsabilizarnos, tener en cuenta las consecuencias de lo vivido y, por supuesto, elegir la actitud con la que afrontar lo sucedido, como afirmaba el psiquiatra suizo Viktor Frankl.

La forma que tenemos de encajar las derrotas, los fracasos, los errores y los momentos difíciles es determinante en nuestra historia. Por ello, si no aprendemos a superarlos o, al menos, no lo intentamos, difícilmente seremos felices, porque nuestras heridas permanecerán abiertas y filtraremos todo lo que nos ocurra a través de ellas. Por ejemplo, si desde pequeños nos hemos sentido rechazados por uno de nuestros padres y hemos crecido con ello, es muy probable que desconfiemos de los demás y pensemos que nos rechazan casi a cada momento o que vivamos con gran sufrimiento un desacuerdo.

Ahora bien, también es importante tener en cuenta que no siempre es posible afrontarlos porque no siempre estamos preparados; hay que encontrar el momento. **Cada uno de nosotros tiene un tiempo, un ritmo, una madurez.** Y esto no podemos olvidarlo, porque, cuando lo hacemos, comenzamos a exigir a los demás, o incluso a nosotros mismos, un afrontamiento que no es posible llevar a cabo. Por eso, a veces es tan importante saber esperar, porque constituye la oportunidad para tomar un respiro, el espacio a la reflexión y el trampolín hacia el aprendizaje.

El sufrimiento nos puede guiar hacia las profundidades de cuestiones e interrogantes que teníamos abiertos e, incluso, que jamás nos habíamos planteado. ¿O no es cierto que cuando sufrimos nos replanteamos qué hacemos, cómo nos ha pasado eso y por qué a nosotros? El dolor puede ser un punto de inflexión en nuestra vida, ya que es capaz de remover desde las creencias más profundas hasta el sentido de nuestra vida, así como ser un gran maestro de las propias limitaciones. Pero para ello se necesita pisar el freno para desacelerar el ritmo de nuestro día a día, paciencia y estar dispuestos a esperar.

Lo que ocurre es que, en la actualidad, la espera tiene mala prensa, además de estar muy obstaculizada. Ya no nos gusta esperar, nos cuesta tener paciencia porque lo queremos todo al instante, de manera inmediata e impulsiva —incluida la solución a nuestros problemas—, sin ser conscientes de todo lo que conlleva: ansiedad, depresión, estrés, aburrimiento o incluso vivir con molestia el tiempo de descanso. Se trata de otro mecanismo de evasión para no entrar en contacto con la realidad.

Es hora de ponerte a prueba...

Elige un momento del día para tomarte un respiro y no hacer nada durante unos 15 o 30 minutos. Luego hazte las siguientes preguntas:

- ¿Cómo me siento?
- ¿Qué pensamientos vienen a mi mente?
- ¿Para qué me sirve?

Ahora puedes hacerte una idea de tu relación con la paciencia y la incertidumbre. Si has experimentado cierta incomodidad o tu mente te ha ofrecido una carta de propuestas sobre cosas que hacer, quizá estaría bien que hicieras este ejercicio de vez en cuando. A veces estamos tan familiarizados con el ruido que creemos que los momentos de pausa son un estorbo, pero cada uno de ellos es una oportunidad para ver cómo estamos e indagar en aquello que nos molesta, no terminamos de estar de acuerdo o nos hace daño. Ser incapaz de no hacer nada también es una señal de que algo nos pasa, pues evitamos entrar en contacto con nosotros. La pregunta es: ¿de qué escapamos?

Un hombre no puede rehacerse sin sufrimiento,
pues es a la vez el mármol y el escultor.
ALEXIS CARREL

El cociente de valentía, la fórmula de la libertad

El hombre valiente no es el que no siente miedo,
sino aquel que conquista ese miedo.
NELSON MANDELA

¿Qué hace valiente a una persona? ¿La ausencia de miedo, la capacidad para actuar o quizá el coraje? La mayoría de las personas piensan que quien es valiente no siente miedo, e incluso asocian este valor con la imagen de una persona fuerte, decidida, segura de sí misma y libre de todo temor. Sin embargo, esto no es del todo así. De hecho, el miedo es un componente común entre un valiente y un cobarde, porque ambos lo experimentan. La diferencia es que **el valiente actúa a pesar del miedo** y el cobarde se queda paralizado. Por lo tanto, ser valiente implica hacer que las cosas sucedan.

Se trata de un paso más en el camino hacia la felicidad: el hecho de ir más allá de tus miedos. Así, la fórmula que mide el grado de la valentía podemos expresarla de la siguiente manera:

Valentía = Coraje/Miedo

En esta ecuación, **la clave para salir adelante se encuentra en tener siempre más coraje que miedo.** ¿Y qué es el coraje? El valor para actuar, el cual está íntimamente relacionado con la autoestima, la confianza en uno mismo y también con la responsabilidad, en el sentido de hacerse cargo de las consecuencias derivadas de la decisión que se ha tomado. O lo que es lo mismo: de asumir el riesgo y responsabilizarse.

A nivel cerebral, se ha observado que en **las personas valientes se produce una buena regulación de la amígdala,** una estructura cerebral con forma de almendra que forma parte del sistema límbico y procesa todo lo relacionado con las reacciones emocionales, además de ser capaz de secuestrar el pensamiento cuando asume el mando porque se siente amenazada. Y, por otro lado, la corteza prefrontal —una zona asociada a la planificación, la reflexión y la toma de decisiones— también se ve potenciada.

Todo lo anterior se traduce en que las personas que muestran valentía **son hábiles en regular sus emociones y tomar decisiones.** Además, se trata de una habilidad cognitiva que puede entrenarse.

Ahora bien, para ser valiente no hay que contar con una colección de grandes hazañas. No nos equivoquemos. **Todos somos valientes de muchas formas,** aunque no seamos conscientes de ello. Tan solo hay que ser capaz de dejar caer las dudas y atravesar el miedo. Por eso, es valiente quien se declara a esa persona que le acelera el corazón, el amigo que se sincera y admite que se precipitó al juzgar al otro, la persona que pone límites para hacerse respetar, quien llama para arreglar aquello que pasó con su familiar, aquella persona que se obligó a dar su opinión porque era presa de la aprobación de los demás, y quien pide ayuda porque reconoce que por sí mismo no puede.

Y tú, ¿cuándo has sido valiente?

- ....
- ....
- ....
- ....
- ....
- ....

Ser valientes implica ir más allá del miedo: liberarnos de nuestra esclavitud, estar dispuestos a correr riesgos y saborear la libertad.

¿Cuáles son tus fortalezas?

En las profundidades del invierno, finalmente aprendí que en mi interior habitaba un verano invencible.

ALBERT CAMUS

Hemos hablado de miedos, de sufrimiento y de valentía como aspectos importantes en el camino hacia la felicidad, pero no podemos continuar este sendero sin hacer una parada en las fortalezas personales. Y es que **todos contamos con ellas en nuestro equipaje**, aunque según los psicólogos Nick Epley y David Dunning somos unos grandes inexpertos en nuestras propias valías: hay quien no las identifica, quien duda de que realmente las tenga, quien las magnifica y quien las infravalora.

Quizá la razón de este desconocimiento esté en que a lo largo de la historia se ha puesto más atención en los aspectos más negativos del ser humano, en por qué funcionamos mal y qué podemos hacer para arreglarlo, dejando los aspectos positivos en un segundo plano. Sin embargo, gracias al nacimiento en 1998 de la psicología positiva, ha sido posible el estudio científico de la otra cara de la moneda, esa en la que predominan el bienestar, las experiencias, los rasgos positivos y la excelencia.

Las fortalezas personales son características psicológicas positivas que influyen en nuestra forma de pensar, sentir y comportarnos y que contribuyen a vivir una vida en plenitud.

En este contexto, los psicólogos Martin Seligman y Christopher Peterson se enfocaron en el estudio de las virtudes y fortalezas personales y presentaron en 2014 *Character Strengths and Virtues: A Handbook and Classification (Fortalezas y virtudes del carácter: Manual y clasificación)*. En él, plantean la existencia de 6 virtudes a través de las que se articulan hasta 24 fortalezas personales. Son las siguientes:

- **Sabiduría y conocimiento**
  - Curiosidad, interés por el mundo
  - Amor por el conocimiento y el aprendizaje
  - Juicio y pensamiento crítico
  - Creatividad
  - Perspectiva

- **Coraje**
  - Valentía
  - Perseverancia y diligencia
  - Integridad, honestidad
  - Vitalidad y pasión por las cosas

- **Humanidad**
  - Capacidad de amar y ser amado
  - Bondad
  - Inteligencia personal y social

- **Justicia**
  - Ciudadanía, civismo
  - Sentido de la justicia, equidad
  - Liderazgo

- **Moderación**
  - Capacidad de perdonar, misericordia
  - Modestia, humildad
  - Prudencia, cautela
  - Autocontrol

- **Trascendencia**
  - Apreciación de la belleza y excelencia
  - Gratitud
  - Esperanza, proyección hacia el futuro
  - Sentido del humor
  - Espiritualidad, fe

---

* Si quieres descubrir cuáles son tus fortalezas personales, puedes realizar el cuestionario VIA en la web Authentic Happiness de la Universidad de Pensilvania: https://www.authentichappiness.sas.upenn.edu/es/user/login?destination=node/629

Ahora que ya sabes cuáles son las principales virtudes y fortalezas, es momento de reflexionar sobre las que predominan en ti. Se trata de una oportunidad para conocerte mejor e identificar tus potencialidades para luego trabajar en ellas y mejorarlas, ya que pueden entrenarse. Así, **cuanto más las cultives, más cerca estarás de ser feliz** y autorrealizarte. Ten en cuenta que esto también implica ser consciente de tus sombras y tus puntos a mejorar.

Mis fortalezas personales	Mis aspectos a mejorar
....	....
....	....
....	....
....	....
....	....
....	....

Y si aún tienes dudas, puedes darle la vuelta al espejo y preguntar a las personas que te rodean. Seguro que más de una te sorprenderá con sus respuestas. Otra forma de identificarlas es analizando aquellas situaciones y acontecimientos que en algún momento te pusieron a prueba y lograste superar. ¿En qué te apoyaste?, ¿qué hiciste diferente?, ¿cómo actuaste? Seguro que descubrirás recursos que había en ti y que no conocías.

PARA NO OLVIDAR:

→ **Escapar del miedo lo hace más fuerte.** La mejor opción es tratar de descifrar qué quiere decirte.

→ **Huir nunca será la mejor opción.** Por ello, hay que tener claro cuáles son tus mecanismos de evitación.

→ **Ser valiente es actuar a pesar del miedo.** Esto conlleva asumir riesgos y dar un paso hacia delante.

→ **El sufrimiento es un gran maestro que puede transformar tu corazón** y ser la puerta de entrada a la posibilidad de ser feliz.

crecer en resiliencia

crecer en resiliencia

crecer en resiliencia

crecer en resiliencia

crecer en resiliencia

crecer en resiliencia

crecer en resiliencia

crecer en resiliencia

crecer en resiliencia

crecer en resiliencia

2

Mirar el mundo desde la cima: **crecer en resiliencia**

El mundo está lleno de personas que han lidiado cara a cara con el sufrimiento y han salido más fuertes. Se caracterizan por su gran capacidad de resiliencia. Son aquellas que tienen como arma su capacidad de seguir a flote ante las adversidades, que son conscientes de que la inmunidad al sufrimiento es imposible y que **ven oportunidades en las dificultades.**

Tal vez tú seas una de ellas. Quizá algún día tuviste que atravesar una situación muy dolorosa en la que a veces sentías que no tenías fuerzas o dudabas incluso de ti mismo, pero aquí estás. O puede que en este momento te encuentres en una circunstancia similar.

> *Del sufrimiento han surgido las almas más fuertes, los caracteres más sólidos están plagados de cicatrices.*
> **KHALIL GIBRÁN**

La vida no es fácil, por mucho que a veces queramos creer que sí. Hay experiencias vitales que son muy duras. Los tropiezos y las desilusiones llegan, al igual que los fracasos, las injusticias, las pérdidas y los errores. Sin embargo, la actitud que adoptemos para afrontarlos puede hacer que todo sea diferente: **en nosotros está la decisión de ver lo que nos ocurre como una oportunidad para crecer o como una desgracia que nos limita.**

Si optamos por lo primero, introduciremos la resiliencia en nuestras vidas y nos convertiremos en sus protagonistas; pero si elegimos la segunda opción, adoptaremos el papel de víctimas, ese en el que queda anulada nuestra disposición para actuar.

Sin embargo, no podemos olvidar que cualquiera de nosotros tiene la capacidad inherente de renacer tras una adversidad y sobreponerse a ella, así como de adaptarse a la nueva situación resultante. Al igual que el ave fénix, **todos podemos llegar a ser resilientes**, pues esta habilidad puede aprenderse y entrenarse. De hecho, tendría que ser una enseñanza fundamental en las escuelas.

Ahora bien, para que llegue a desarrollarse, existen una serie de acontecimientos que deben ocurrir antes, así como un conjunto de aspectos y características psicológicas que deben estar presentes. Veamos cuáles son.

¿Qué hay en tu historia personal? ¡No temas!

Hay una historia detrás de cada persona. Esa que comienza desde el mismo momento en el que nacemos, aunque si apuramos algo más, podemos retroceder hasta el instante de nuestra concepción.

Sea cual sea el motivo por el que estamos aquí, todos atravesamos momentos, vivimos experiencias y nos encontramos con personas que dejarán huella en alguna parte de nosotros. Algunas fácilmente las recordaremos, otras serán olvidadas al instante, muchas otras funcionarán en un segundo plano, pero influyendo de una manera u otra, y otras resurgirán más adelante. De ahí la importancia de comprender nuestra historia.

Todo cuanto acontece matiza nuestra experiencia y nuestro sentir, nos pertenece a la vez que nos moldea, pues forma parte de nuestra biografía personal.

En ella hay luces y sombras, recuerdos que nos llevan a momentos agradables, pero también acontecimientos que marcaron un antes y un después en nuestra vida. Estos últimos son especialmente importantes porque su rastro suele ser mucho más profundo, sobre todo si se ha experimentado un suceso traumático que ha destruido la imagen que teníamos de nosotros con relación a los demás y al mundo, nuestra identidad, en definitiva. Y es que **vivir en primera persona un trauma puede llegar a cambiarnos por completo**, especialmente si no ponemos en marcha mecanismos de afrontamiento y sanación, ya que entonces nos acompañará siempre, con todo lo que ello implica. Viviremos anclados en el pasado, reaccionando al presente desde allí, y aunque el tiempo pase, no avanzaremos porque nuestra mente seguirá atada a lo que sucedió. En estos casos, contar con el apoyo de los demás es fundamental, pero también iniciar un proceso terapéutico. Trabajarlo es esencial para sentirnos mejor, y en ocasiones pedir ayuda es la mejor opción.

Ahora bien, no siempre nos damos cuenta de que estamos marcados por ciertos acontecimientos que ocurrieron en nuestra vida, aunque si comenzamos a observarnos puede que percibamos algo.

- ¿Qué sientes cuando te enfadas? ¿Experimentas alguna sensación recurrente?
- Cuando estás triste o te sientes decepcionado, ¿sueles sentir emociones y sentimientos similares?
- ¿Tiendes a defenderte constantemente?
- ¿Crees que las personas te rechazan y por eso tiendes a comportarte según lo que ellas esperan?
- ¿O quizá experimentas un gran sentimiento de soledad y crees que las personas de tu alrededor acabarán por dejarte?
- ¿Tienes miedo a ser traicionado en todas tus relaciones?
- ¿Todo es injusticia a tu alrededor de manera continua?
- ¿Te vienen imágenes de una situación que viviste de manera constante?

Las anteriores preguntas son una ayuda para profundizar en tu espacio emocional. Quizá descubras algún patrón que te lleve a una situación que todavía no esté sanada o que sientas que hay una herida que está abierta de alguna manera. Sobre esto último, según la ensayista canadiense Lise Bourbeau existen cinco heridas emocionales que nos impiden ser nosotros mismos:

- **El rechazo.** Es la herida emocional resultante de la negación de nuestro interior, de nuestros pensamientos, emociones y vivencias, y de la firme creencia de no sentirse merecedor de afecto ni comprensión. Su origen tiene que ver con el rechazo de los padres en la infancia o con la convicción de que esto fue así. Quien tiene esta herida, teme profundamente el rechazo de los demás.

- **El abandono.** El mayor miedo de la persona con esta herida es la soledad. Por ello, vive con mucho sufrimiento las rupturas de pareja e incluso, sin querer, en ocasiones puede llegar a provocarlas en un intento de protegerse de que eso ocurra. Su origen tiene que ver con una fuerte experiencia de abandono.
- **La humillación.** Esta herida es fruto de la crítica y la desaprobación constante. Su origen está relacionado con este tipo de comportamientos por parte de los padres hacia el niño, pudiendo llegar a ridiculizarlo por completo. De ahí que uno de los principales temores de quien la experimenta sea el miedo a la libertad y a la independencia.
- **La traición.** Surge a partir de la ruptura de la confianza por parte de los padres o porque incumplieron sus promesas. Por ejemplo: contaron cosas íntimas de su hijo a otras personas, escogieron a otra persona en lugar de a su hijo (otra pareja, otro hermano...) o no respondieron de la forma esperada, incumpliendo lo que habían prometido. Quien la experimenta puede desarrollar un fuerte miedo a confiar en los demás, por lo que tenderá a buscar el control en sus relaciones.
- **La injusticia.** Un trato frío, autoritario y exigente suele ser la principal causa del desarrollo de esta herida. Quien la experimenta suele manifestar sentimientos de inutilidad e ineficacia de manera constante.

Además, **cada herida emocional tiene su propia máscara.** Es decir, una defensa que nos ponemos para protegernos y evitar entrar en contacto con lo que nos duele. Así, quien tiene miedo al rechazo suele ser una persona huidiza, quien teme el abandono se convierte en una persona dependiente, quien tiene la herida de la humillación se comporta de manera masoquista, quien tiene miedo a la traición suele ser controlador y quien ha sido víctima de la injusticia se vuelve muy rígido. Todas ellas son corazas para protegernos del sufrimiento, y señales que pueden indicarnos qué nos está pasando.

Como ves, **profundizar en tu historia personal te ayudará a comprenderte.** Puede que no sea un ejercicio muy agradable, pero te aseguro que encontrarás más de una respuesta a muchos de los comportamientos y reacciones de tu presente, respuestas que, bien enfocadas, te dan la posibilidad de cambiar el curso de tu historia. Y para ello hay que tener una cosa clara: **hay que estar dispuestos a ser el protagonista principal de nuestras vidas,** ese que se deshace del manto de la culpa y la victimización para ganar responsabilidad en su vida. Porque solo cuando somos responsables de nosotros mismos es posible actuar a favor de aquello que queremos y necesitamos.

Y para conseguirlo hay que echar el freno de vez en cuando. **Hacer un parón para reencontrarse con uno mismo es necesario** si queremos avanzar, porque, aunque el tiempo no cure todas las heridas, sí que nos proporciona el espacio necesario para asimilar ciertos aspectos que nos ayudarán a seguir adelante y crear otro «yo», con nuevos aprendizajes y recursos para gestionar el sufrimiento, alguien con mayor seguridad y fortaleza para construir su felicidad y que vivirá una nueva normalidad, el comienzo de una nueva etapa.

Ahora que ya sabes la importancia que tiene tu historia en el día a día, es conveniente que también lo tengas en cuenta de cara a los demás. Por eso, **antes de adelantarte y juzgar a alguien, piensa que también tiene una historia.**

Tenemos la mala costumbre de precipitarnos y crear hipótesis sobre el comportamiento y la forma de ser de los demás, sin embargo, nos suele faltar información, y no poca. Olvidamos que sus expresiones están construidas a través de sucesos y pensamientos, que tras su sentir hay una serie de emociones y que debajo de su piel está su alma. Si lo tuviéramos en cuenta, nuestra percepción sobre ellos sería totalmente distinta, al igual que nuestras relaciones. Porque, ¿qué sabes acerca del otro?, ¿qué se esconde detrás de su apariencia?, ¿cómo es su sentir?, ¿a qué está reaccionando?

Si ya es complicado sumergirse en las profundidades de uno mismo para intentar conocerse, ¿cómo vamos a saber cuáles son las intenciones o motivaciones que llevan a los demás a comportarse de cierta manera? La cuestión es que lo hacemos: nos pasamos media vida intentando averiguarlas y casi la otra mitad juzgándolos, como si no tuviéramos suficiente con hacernos cargo de nosotros mismos. Lo bueno es que ya lo sabemos: **hay una historia detrás de cada persona y nosotros solo somos dueños de la nuestra.**

En lugar de juzgar a los demás, intenta comprender sus historias.

El rincón psicológico: el corazón de la resiliencia

Coger las riendas de nuestra vida no es tarea fácil. A menudo hace falta predisposición para ello, un fuerte compromiso y estar dispuestos a entrar en contacto con nuestras sombras. De hecho, hay otro aspecto fundamental: la capacidad de tomarse un respiro, aun cuando las circunstancias aprieten con fuerza.

Un hombre que es maestro de la paciencia
es maestro de todo lo demás.
GEORGE SAVILE

Echar el freno es necesario, como hemos dicho. Sin embargo, parece que nos cuesta. Algo normal teniendo en cuenta la velocidad a la que vivimos. Pero si realmente queremos ser felices, no nos queda otra que hacer ese parón que tanto vértigo nos da para mirarnos con los ojos de nuestro interior. Incluso hay veces que sabemos que necesitamos una pausa para recuperar fuerzas, pero podemos llegar a ignorarnos tanto que hasta que nuestro cuerpo no nos para, no hacemos nada por nosotros. Por ello, te invito a que de vez en cuando tengas la iniciativa de hacerte un chequeo rápido para saber cómo te encuentras y **te concedas ese espacio psicológico que tanto necesitas.**

Y no, no es una pérdida de tiempo, ni una frase que se dice a la ligera: **parar es necesario para tu salud, tanto física como psicológica.** Es una oportunidad para reflexionar, sanar y, en ocasiones, tomar nuevas perspectivas; un tiempo que todos necesitamos para reajustarnos; sobre todo, tras un duro golpe, una ruptura o un fracaso. Por eso tanta insistencia en el tema.

Las pausas nos permiten procesar e integrar aquello que nos ha sucedido, encajar las piezas perdidas y reparar lo que se ha roto dentro de nosotros.

Habrá momentos en los que no tengas que hacer nada, pues todo andará bien dentro de ti, pero en muchos otros surgirán la incomodidad, la tensión, el agotamiento o un malestar general. Ahí es donde te toca actuar, pues, según cómo sea tu afrontamiento, aflorarán ciertos aspectos emocionales. De hecho, **parar ante las adversidades es obligatorio**, pues solo así podrás ordenar el impacto de las dificultades y pensar con mayor claridad para procesar lo ocurrido y alcanzar poco a poco esa sensación de equilibrio que tanto necesitas para poder resurgir.

Cómo acudir a tu rincón psicológico

- Reserva un momento del día para tomarte un respiro.
- Pregúntate cómo te encuentras y si hay algo que te incomode, te abrume, te agobie o te haga sentir mal.
- Reflexiona sobre cómo lo estás llevando y qué estás haciendo para solucionarlo. ¿Qué estrategias pones en marcha? ¿Te están funcionando?
- Ahora es el momento de cuestionarte un poco: ¿eso que está pasando es real o estás añadiendo hipótesis, creencias y suposiciones?
- ¿Qué le dirías a un amigo que estuviese pasando por lo mismo?
- ¿Qué aspectos están bajo tu control? ¿De qué puedes responsabilizarte? ¿Qué puedes hacer para llevarlo mejor?
- Actúa sobre aquello en lo que sí tienes control y trata de aceptar aquello en lo que no puedes hacer nada.

Elige qué estrategia vas a poner en marcha que vaya en consonancia con tus valores.
- Por último, reflexiona sobre qué aprendizajes puedes sacar de lo sucedido.

A la hora de hacer el ejercicio anterior es muy importante que pongas el foco en ti, pero no desde la carencia o lo que te falta, es decir, no desde una postura exigente, sino autocompasiva. Esto implica dejar a un lado el diálogo interno negativo, los reproches, las culpas y las críticas, para tratarte bien desde el cariño, la calma y la paciencia.

El objetivo de concederte un espacio psicológico es nutrirte para hacer hueco a la resiliencia. Con él, estás preparando el terreno adecuado para sembrarla. No obstante, antes es necesario que descubras el poder escondido de tu vulnerabilidad, pues seguramente no la veas con tan buenos ojos.

El mundo nos rompe a todos y, después,
algunos son fuertes en los lugares rotos.
ERNEST HEMINGWAY

La fuerza que hay en tu vulnerabilidad

La vulnerabilidad es el lugar de nacimiento de la conexión
y la ruta de acceso al sentimiento de dignidad.
BRENÉ BROWN

¿Reconocerte vulnerable es de valientes? ¿O eres de los que piensan que es más bien una debilidad? **La vulnerabilidad es**

inherente al ser humano, pero lo cierto es que está muy lejos de ser una debilidad. Tiene más que ver con la fortaleza.

Todos somos vulnerables, incluso los superhéroes, como dice el psicólogo argentino Marcelo R. Ceberio, ya que estos, a pesar de sus poderes, arrastraron un trauma infantil e intentaron superarlo. Lo que ocurre es que a la mayoría de nosotros nos aterra aceptarlo, nos da vértigo saber que nos pueden hacer daño y que no tenemos garantías de nada, que, al igual que Aquiles, Batman o Superman, también tenemos nuestras vulnerabilidades. En nuestro caso, no es nuestro talón ni los murciélagos ni la kryptonita, sino más bien el miedo a exponernos, a la inseguridad o a experimentar algún tipo de riesgo emocional.

A esto hay que añadirle la mala imagen que nos ofrece la sociedad sobre la vulnerabilidad, influenciada por la cultura exitista que nos rodea. Si somos vulnerables, no tendremos éxito ni conseguiremos nada. Hay que ser fuerte, productivo, seguro y no mostrarse débil, todo lo contrario; esto nos lleva a escondernos detrás de una coraza que acabará por romperse a la larga en mil pedazos, pues no es posible soportar tanta tensión ni fingir ser perfectos de manera indefinida.

A la vulnerabilidad hay que darle una oportunidad para conocer todo su potencial. Después de concedérsela, ya no seremos los mismos.

Es un valor psicológico, aunque nos hayan hecho pensar lo contrario. De hecho, según Brené Brown, profesora e investigadora de la Universidad de Houston y una de las mayores expertas en este concepto, la vulnerabilidad no es debilidad, sino la medida más precisa de nuestro valor. Y no solo eso, sino que también favorece conectar con quienes nos rodean de forma íntima y auténtica.

Esto es así porque cuando aceptamos que somos vulnerables, reconocemos que tenemos heridas y asuntos pendientes, que experimentamos dolor y sufrimiento, pero que sabemos que este forma parte de la vida. **Una forma honesta y sincera de mostrarse a los demás** y que apuesta por una conexión verdadera con ellos. Porque si no nos mostramos tal y como somos, si lo que ofrecemos son disfraces y apariencias, ¿cómo vamos a sentirnos aceptados por los demás si ni nosotros mismos lo hacemos?, ¿cómo van a querernos, si no pueden vernos tal y como somos?

Ahora bien, aun sabiendo que es así, no es fácil lidiar con ello. Pues **aceptar la propia vulnerabilidad implica mirarse al espejo y reconocerse como uno es**, atreverse a dar la cara y arriesgarse a que los demás nos vean tal y como somos: con virtudes, fortalezas, heridas e inseguridades. En definitiva, soltar la idea de llegar a ser perfectos.

Por lo tanto, ¿se puede ser valiente siendo vulnerable? Lo cierto es que sí, no puede ser de otra manera. Pues aceptar la vulnerabilidad implica ir más allá del miedo y apostar por uno mismo, sabiendo que en ocasiones nos confundiremos, seremos rechazados y meteremos la pata, pero merecerá la pena.

No eres débil cuando te muestras tal y como eres, sino auténtico.

Ser fuerte a pesar de las tormentas: la construcción y el desarrollo de la resiliencia

Cuando hay una tormenta, los pajaritos se esconden, pero las águilas vuelan más alto.
MAHATMA GANDHI

La resiliencia es un concepto que ha ganado gran popularidad en los últimos años. Se trata de **la capacidad para superar situaciones adversas y salir fortalecido de ellas**, transformándolas en oportunidades de aprendizaje.

El sociólogo Stefan Vanistendael diseñó el modelo de la casita de la resiliencia para explicar su proceso de construcción. En él **compara el desarrollo de la resiliencia con la construcción de una casa**, donde las habitaciones son los aspectos generales de la resiliencia —que son aplicables a diferentes personas—, mientras que los muebles de cada habitación corresponden a la parte única de resiliencia de cada individuo.

- Como ocurre con la construcción de una casa, **la construcción de la resiliencia empieza por el suelo** (o los pies). Se trata de la base donde se apoya toda la capacidad resiliente, y se corresponde con los mínimos necesarios para avanzar (comida, sueño, sexualidad, etc.).
- Seguidamente, nos encontramos con **los cimientos, formados por los vínculos y las redes relacionales y de**

apoyo. Esto implica el hecho de sentirnos aceptados, queridos y valorados por los demás, además de la propia aceptación.

- **En el primer piso se ubica la capacidad de dar sentido a lo que nos ocurre** y a la vida en general. En este nivel hay que ser capaz de dar respuesta al «para qué» nos pasan las cosas, de ir más allá del «porqué» y asumir una actitud de aprendizaje desde la que extraer lecciones de lo vivido.
- **En el segundo piso** destacan las habitaciones, entre las que se encuentran **las aptitudes personales y sociales**, la autoestima, el sentido del humor y la capacidad de relativizar.
- **En el altillo o desván se encuentra la apertura a nuevas experiencias,** es decir, la capacidad de salir de la zona de confort y ser flexibles. Esta parte de la casa ofrece la posibilidad de incorporar nuevos elementos que favorezcan la construcción de la resiliencia.

Un aspecto importante es que **este proceso de construcción nunca termina**, sino que es dinámico y cambiante, y ocurre a lo largo de toda la vida. No es una estructura fija; es sensible al entorno, a lo que nos va ocurriendo y a otros factores, por lo que puede aprenderse, entrenarse y también repararse.

Además, al igual que en una casa las habitaciones se encuentran comunicadas entre sí a través de los pasillos o las escaleras, los diferentes aspectos de la resiliencia también están vinculados: son interdependientes y, por lo tanto, se alimentan unos a otros.

Ahora que ya sabes cómo es el proceso de construcción de la resiliencia y cuáles son sus elementos esenciales, veamos qué puedes hacer para desarrollarla.

Claves para desarrollar la resiliencia

- Acepta el cambio como parte imprescindible de la vida.
- Apóyate en tus fortalezas y confía en ti.
- Ten en cuenta que aceptar es necesario para avanzar.
- No olvides que nadie es inmune al sufrimiento.
- Crea buenas relaciones con tu entorno.
- Establece pequeñas metas que sean alcanzables.
- Mantén las cosas en perspectiva.
- Pregúntate qué te ha ayudado a salir de donde estabas y qué has aprendido de ello.
- Expresa cómo te sientes.
- Alíate con la confianza, la paciencia y la perseverancia.
- Cuida de ti.

El hombre que se levanta es aún más fuerte que el que no ha caído.
VIKTOR FRANKL

Una fábula para entender la resiliencia

A un carpintero que tenía una vida feliz con su esposa y sus dos hijos le comenzó a ir mal el negocio que tenía. Cada vez había menos gente que necesitaba sus servicios.

Un amigo le aconsejó que consultara a un viejo sabio que vivía en el bosque, y eso es lo que hizo a la mañana siguiente.

El anciano le recibió con afecto, le ofreció un té y el carpintero le contó su problema. Tras unos minutos de silencio, el viejo sabio le dijo que le acompañara a su jardín que había cultivado con gran cuidado a lo largo de los años.

Una vez allí, el sabio le comenzó a contar una historia: «¿Ves ese helecho y ese bambú del medio del jardín? Los planté hace muchos años al mismo tiempo, pues quería que crecieran en mi jardín y les di el mismo cuidado, pero no respondieron de la misma manera.

El helecho se convirtió en una majestuosa planta en apenas unos meses y lo adornaba todo con su presencia, mientras que no había ni rastro del bambú. Este seguía debajo de la tierra».

El anciano continuó con su historia, mientras el carpintero se mantenía expectante:

«Pasaban los años, y mientras el helecho adornaba el jardín con su majestuosa presencia, seguía sin haber rastro del bambú, pero no me di por vencido. Al final, cuando pasaron cinco años, apareció un pequeño brote. Al día siguiente estaba mucho más grande y, en pocos meses, creció sin parar hasta convertirse en un bambú de más de 10 metros. ¿Por qué crees que tardó tanto tiempo en salir a la luz?».

El carpintero pensó un poco, pero no sabía qué contestar. El anciano le respondió: «Tardó 5 años porque durante ese tiempo el bambú estaba echando raíces. Sabía que lo necesitaba para el camino que tenía que recorrer, por eso necesitaba tener una base firme que le permitiera elevarse satisfactoriamente.

Así pues, hay momentos en los que somos como el

helecho: crecemos rápidamente porque sabemos lo que queremos. Y otras veces somos como el bambú: nos preparamos para tiempos mejores. Precisamente, en este momento eres como el bambú: estás preparándote para un futuro mejor».

El carpintero lo comprendió y, antes de despedirse, el anciano le recordó una gran verdad:

«Nada es casual en la vida. La felicidad te mantiene dulce. Los intentos te mantienen fuerte. El dolor te mantiene humano. Las caídas te mantienen humilde. El éxito te mantiene brillante».

PARA NO OLVIDAR:

→ **Hay una historia detrás de cada persona.** Si lo tienes en cuenta, te será más fácil comprender a los demás o al menos evitarás juicios rápidos y equivocados.

→ **Echa el freno a tu vida de vez en cuando,** acude a tu rincón psicológico y reflexiona sobre tu situación: qué quieres, cómo te sientes y hacia dónde vas.

→ **La vulnerabilidad no es debilidad,** sino la medida más precisa de tu valor y una ayuda para conectar con los demás de forma auténtica.

→ **Es posible aprender a ser resiliente.** Busca la enseñanza en cada adversidad, practica la aceptación y apóyate en tus fortalezas.

el hábito que nos esclaviza

el hábito que nos esclaviza

el hábito que nos esclaviza

el hábito que nos esclaviza

el hábito que nos esclaviza

el hábito que nos esclaviza

el hábito que nos esclaviza

el hábito que nos esclaviza

el hábito que nos esclaviza

el hábito que nos esclaviza

3

Buscar el placer: **el hábito que nos esclaviza**

En la actualidad, **se busca el goce efímero, rápido y efusivo,** como si este fuera el fin último de nuestras vidas. Todo está centrado en el disfrute, en lo placentero, en el consumo rápido y desenfrenado. Es casi como un estilo de vida. O al menos así nos lo venden.

El último smartphone. El nuevo modelo de coche. Los likes de las redes sociales. Los maratones de series. La última crema milagrosa que nos dejará la piel perfecta y nos sentiremos mejor. El postre de chocolate que nos merecemos tras trabajar duro toda la semana. El colchón que convertirá nuestro descanso en una experiencia óptima. La colección de suscripciones para todos los gustos y modalidades. El último juguete sexual que nos hará disfrutar como nunca... Consumir, comprar y gastar.

En nuestro día a día predomina el placer desorbitado, empujado por el consumismo y un ritmo de vida acelerado. Así vivimos la mayoría de nosotros: dejándonos llevar porque creemos que así obtendremos la felicidad. Y lo que ocurre es prácticamente todo lo contrario: nos enganchamos a sensaciones microplacenteras que poco a poco vamos acumulando, a esos subidones que experimentamos cuando consumimos y compramos algo, pero que desaparecen en cuestión de segundos y nos dejan vacíos.

Buscar el placer nos convierte en adictos al sufrimiento. Este estilo de vida nos impulsa a probar nuevos estímulos a la desesperada, a alimentar nuestro ego —que cada vez se hace más grande—, a optar por las recetas rápidas, a obtener la recompensa y evitar el daño.

Lo queremos todo ya, cuanto más rápido, mejor y, sobre todo, si con ello experimentamos cierto placer. Lo que nos ocurre es que estamos confundidos: pensamos que felicidad y placer son lo mismo. Y, por ello, nos volvemos unos eternos insatisfechos.

Felicidad y placer no son lo mismo

No hay deber que descuidemos tanto
como el deber de ser felices.
ROBERT LOUIS STEVENSON

Hay tantas definiciones de felicidad como habitantes en este mundo. Son muchos los autores que se han lanzado a la aventura de ponerle palabras a este estado. De hecho, incluso algunos diferencian distintos tipos. Sin embargo, la confusión siempre ha estado servida alrededor de este concepto, pues ya Aristóteles decía que todos estábamos de acuerdo en que queríamos ser felices, pero que no sabíamos cómo serlo y que, en cuanto hacíamos un intento por aclararnos, aparecían los problemas. Por eso, acabó diciendo que la felicidad dependía de nosotros mismos, de lograr la autorrealización y, en parte, no se confundía.

Si indagamos en qué pensaba Ortega y Gasset sobre la felicidad, obtenemos que esta es posible cuando coinciden la «vida proyectada» (aquello que queremos y buscamos ser), con la «vida efectiva» (lo que realmente somos).

Según Tal Ben-Sahar, profesor de la Universidad de Harvard, «la felicidad es el significado y el propósito de la vida, todo el objetivo y el fin de la existencia humana».

Para Matthieu Ricard, considerado el hombre más feliz del mundo según neurocientíficos de la Universidad de Wisconsin, se trata de «una forma óptima de ser que es el resultado del cultivo de muchas cualidades fundamentales: el altruismo, la resiliencia, la libertad interior, el equilibrio emocional, la paz, entre otras».

Como vemos, **cada persona tiene su propio concepto de la felicidad**, por lo que es un estado bastante subjetivo. Ahora bien, sí que existen una serie de características comunes con relación a esta, y la ciencia las ha estudiado.

La felicidad es un estado que varía en su duración, pero está más enfocada al medio y largo plazo. Tiene que ver con una buena gestión de los deseos y las necesidades, el equilibrio interior, la sensación de estar en paz, un contacto social con significado y el sentido que le damos a nuestra vida. Además, nos lleva a preguntarnos: «¿qué podemos dar?», en lugar de «¿qué podemos ofrecer?».

Por lo tanto, **la felicidad está más en el «ser» que en el «tener»**. De ahí que debamos tener cuidado con esos mensajes publicitarios que nos prometen la felicidad a un paso o a golpe de clic y con la felicidad impostada de las redes sociales. Ser feliz es mucho más que consumir y aparentar: es sentirse pleno.

Ahora que ya sabemos qué es la felicidad, es el turno del placer.

El placer es esa sensación efímera y cortoplacista producida por algo externo que nos hace disfrutar. Se trata de una experiencia relacionada con el tener, mucho más superficial que la felicidad, y que tiene un recorrido muy corto porque es puntual.

Experimentar placer no es malo, pero puede convertirse en un problema cuando nuestra vida gira en torno a ello. Esto es así porque **el placer puede llegar a ser seductor y adictivo**, ya que la obsesión por tenerlo destruye el bienestar físico, mental y espiritual. Incluso, en ocasiones, empuja a querer más y más convirtiéndonos en esclavos, como es el caso de las adicciones. Al final, el placer se asocia con la necesidad, con la recompensa, el disfrute y la evitación del daño. De hecho, muchas personas lo utilizan como mecanismo de escape y evasión de aquello que les hace sufrir, y les sirve de desconexión. Y justamente es lo contrario a sentirnos plenos y en paz con nosotros mismos.

Buscar el placer no nos hace felices, sino todo lo contrario: nos envuelve en una sensación de insatisfacción general que acaba generando un vacío que somos incapaces de llenar.

Además, a nivel cerebral existen algunas diferencias entre felicidad y placer. Por ejemplo, **la dopamina es el neurotransmisor encargado del placer**, la sensación de satisfacción inmediata y de éxtasis cuando hemos logrado algo, mientras que el neurotransmisor relacionado con la felicidad es la serotonina, aquel que se segrega en estados de calma, que promueve el dar y funciona más a largo plazo.

Como vemos, el placer es mucho más visceral, tiene que ver con el recibir y se experimenta a nivel individual. En cambio, la felicidad es etérea y está enfocada en el dar y el compartir.

La dopamina, la sustancia que nos domina

La dopamina es un neurotransmisor que activa el placer y el sistema de recompensa del cerebro, siendo uno de los más importantes a la hora de regular la conducta. También nos motiva a ser competitivos, defendernos de un peligro o lograr una meta personal, además de promover la sexualidad, el deseo y los procesos de seducción. Se trata de un neurotransmisor que nos hace humanos y que todos necesitamos en niveles adecuados para funcionar.

Sin embargo, también esconde un peligro cuando se alteran sus niveles en el organismo, y es su capacidad para esclavizarnos: nos produce esa pequeña satisfacción y, más tarde, una sensación de vacío que queremos volver a llenar.

Esto es así porque **la dopamina cumple importantes funciones en diversos comportamientos emocionales**, siendo una de ellas la gestión del sistema de recompensa del cerebro. De manera que cuando llevamos a cabo acciones que nuestro organismo valora como beneficiosas, liberamos una gran cantidad de esta sustancia, lo que produce una sensación subjetiva de placer que nos lleva a querer repetir lo que habíamos hecho para experimentarla de nuevo. Y aquí entran todo tipo de conductas, desde saciar el hambre y la sed hasta mantener relaciones sexuales, comprar, los likes de Facebook e Instagram, etc. De hecho, el ejemplo más extremo son las adicciones, comportamientos enfocados a la obtención del placer sin tener en cuenta las consecuencias, en las que este circuito de recompensa se estimula de forma muy intensa.

Y es con esto con lo que tenemos que tener especial cuidado, pues **todos los días hacemos cosas que nos ofrecen un potencial de riesgo, pero también de recompensa**: la liberación de dopamina. Esto puede llevarnos a crear un nuevo cableado en los circuitos del sistema de recompensa, que tiene que ver con ciertos hábitos que nos hacen dependientes a largo plazo porque nos volvemos sus esclavos, ya que los necesitamos para «sentirnos bien». Y esta necesidad crece cada vez más en la era digital.

Además —y sin ánimo de asustarte—, a día de hoy hay empresas enfocadas en conseguir que pasemos la mayor parte de nuestro tiempo con sus dispositivos y aplicaciones. Estudian nuestra mente y nuestros comportamientos, cómo funcionamos, analizan los datos y construyen productos que tienen como objetivo generar un efecto adictivo en cada uno de nosotros.

Quizá no te sientas identificado con todo esto, pero a día de hoy existen muchas personas que necesitan los likes en sus redes sociales para sentirse mejor, que no es lo mismo que sentirse bien. Otros dependen de las horas de pantalla o simplemente de hacer *scroll* en internet. Incluso hay quien está enganchado a la pornografía y no puede pasar ni un solo día sin ella. Y lo peor no es esto, sino las consecuencias que se derivan: malestar general, baja autoestima, insatisfacción continua, mala gestión de las emociones, etc.

La adicción está presente en la sociedad de muchas formas, aunque también se encuentra muy camuflada.

Otro aspecto que no podemos dejar pasar es que el exceso de dopamina, además de esclavizarnos en una búsqueda obsesiva del placer y los refuerzos positivos, provoca el cierre de los receptores de serotonina, con lo que la sensación de calma y tranquilidad se ve bloqueada. Por eso es necesario un cambio de perspectiva: ese en el que **el placer deje de ser el centro de nuestra vida**. Esto no quiere decir que renunciemos a él —ya que de vez en cuando nos sienta bien—, sino que no sea una constante y, por supuesto, que no derive en consecuencias dañinas.

Ante este panorama, vendría bien que cada uno de nosotros hiciera una reflexión para analizar si a día de hoy hay algo que lo ate y esclavice, que a corto plazo le provoque cierto placer, pero a la larga le genere más de un problema.

¿De qué dependes para creer «falsamente» que estás bien? Piénsalo. Si ya lo tienes, reflexiona sobre cuándo sueles recurrir a ello y en qué acaba derivando. Se trata de un buen ejercicio para ser consciente de tus hábitos.

Existe una epidemia de hiperestimulación y un exceso de información que alteran nuestros procesos atencionales de manera continua.

Invertir en bienestar y no tanto en placer

La apuesta más segura para cada uno de nosotros es invertir en bienestar. Lo que implica tenernos en cuenta y valorarnos, conectar con lo más profundo de nosotros y ver qué podemos hacer para sentirnos mejor.

Interesarse por el crecimiento personal siempre será un plus, pues no hay mejor forma de caminar hacia la posibilidad de ser felices que trabajar en quiénes somos, qué queremos y hacia dónde vamos. Una ruta enriquecedora, pero no exenta de dificultades. La primera de ellas, la resistencia a mirarnos con los ojos de nuestro corazón; la segunda, los obstáculos que la sociedad nos pone continuamente y que nos llevan a desconectar de nosotros mismos, y la tercera, la influencia de nuestros pensamientos. Sin embargo, esto no debe asustarnos, todo lo contrario: debe hacernos sentir esperanzados porque hay posibilidades.

Ahora que ya sabemos las consecuencias del placer y que **el tener nunca será la solución para rellenar nuestros vacíos**, será más fácil apostar por el «ser», el cual implica diversas esferas: personal, social, laboral, física, mental y espiritual.

Además, según el profesor de psicología Thomas Gilovich, de la Universidad de Cornell, solemos acostumbrarnos con mucha facilidad a los objetos. Una vez que los tenemos, se vuelven algo rutinario para nosotros, demasiado «vistos» y aburridos. Por tanto, **invertir en cosas no nos hace sentir felices a largo plazo.** Sin embargo, según Gilovich, con las experiencias pasa todo lo contrario: si estas son significativas, ganan valor con el tiempo, además de unir a las personas.

Y tú, ¿en qué quieres invertir para tu bienestar?

- ....
- ....
- ....
- ....
- ....

PARA NO OLVIDAR:

- → **La búsqueda del placer te convierte en un adicto al sufrimiento.** Haz que deje de ser el centro de tu vida.
- → **El placer es efímero y cortoplacista, orientado hacia lo externo y relacionado con el tener.** Una sensación que poco a poco te deja vacío.
- → **Invierte en bienestar, invierte en ser.** Enfócate en mejorar en cada una de tus esferas: personal, social, laboral, física, mental y espiritual.

sentirse bien es posible

sentirse bien es posible
sentirse bien es posible
sentirse bien es posible
sentirse bien es posible
sentirse bien es posible
sentirse bien es posible
sentirse bien es posible
sentirse bien es posible
sentirse bien es posible

4

Conectar con las emociones: **sentirse bien es posible**

El universo emocional es tan maravilloso como misterioso. Nunca deja de sorprendernos. **Somos unos completos analfabetos sobre las emociones**, a pesar de experimentarlas cada día. Y mientras esto sea así, difícilmente podremos experimentar la sensación de bienestar por completo, pues nos quedarán unos cuantos escalones por subir.

Ten en cuenta que a través de la emoción damos significado a lo que nos rodea y que, en muchas ocasiones, este cambia dependiendo de cómo nos encontremos. Por lo que, por mucho que te sientas seguro, siempre existe la posibilidad de que ocurra algo que te arrebate la calma que experimentas: se trata del factor emocional sorpresa.

Todo lo que te rodea lo filtra tu área emocional, esa en la que el sistema límbico y la amígdala analizan todo lo que te acontece con el objetivo de identificar posibles riesgos y amenazas y, al fin y al cabo, protegerte. Lo que ocurre es que este procesamiento no siempre es adecuado. Eso sí, su intención es buena.

Si conociéramos en profundidad el lenguaje de nuestras emociones, sería más fácil gestionarlas porque sabríamos qué quieren decirnos, y mucho más si supiéramos cómo se relacionan con la mente y con el cuerpo. Al igual que si fuéramos conscientes del coste que tiene reprimirlas o ignorarlas.

Por ello, a continuación haremos un breve recorrido por el universo emocional para que comprendas las cuestiones más importantes que están relacionadas con tu bienestar. ¡Comenzamos!

Las emociones, esas grandes desconocidas

Somos seres emocionales y, sin embargo, no sabemos nada sobre emociones. Quizá sea porque han sido ignoradas durante siglos, ya que la mente era la gran protagonista. Sin embargo, desde hace años sabemos que colaboran con nuestra supervivencia —como ya afirmaron tanto Charles Darwin como Joseph LeDoux— y que también están presentes en las relaciones con los demás, donde ejercen un papel importante, y en nuestras decisiones.

Las emociones forman parte de nosotros, de nuestro día a día y de nuestras relaciones. **Son un fenómeno complejo que involucra una gran cantidad de aspectos**, desde cognitivos e interaccionales hasta neuroendocrinos e inmunitarios. Por lo que ya va siendo hora de que les prestemos la atención que se merecen.

Así, es importante que tengas en cuenta varios aspectos sobre ellas:

- **Todo lo que ocurre a tu alrededor afecta a cómo te sientes** y repercute en tu equilibrio emocional. Por lo tanto, existe siempre el riesgo de desestabilizar tu calma.
- **Las emociones surgen como respuesta a lo que te envuelve**, a lo que sucede a tu alrededor.
- **Experimentar emociones «negativas» es normal.** La ira, el miedo, la rabia o la tristeza son necesarias, por mucho que nos hagan pensar lo contrario. Todas tienen un propósito, un sentido y un mensaje para ti: te informan de lo que sucede en tu interior. Lo importante es aprender a gestionarlas para reducir su intensidad.
- Reprimir e ignorar tus emociones puede funcionar a corto plazo, pero con total seguridad te sentirás peor cuando pase el tiempo. **Expresar cómo te sientes es una garantía para sentirte mejor.**
- **Lo que sientes es tu responsabilidad.** Si te haces cargo de ello, todo cambiará: las relaciones con los demás y contigo mismo.
- **Aprender cómo funcionan tus emociones** es un modo de profundizar en ti y conocerte más.
- **La emoción es diferente a la sensación y al sentimiento.** Las sensaciones son las impresiones que experimentas a través de tus sentidos ante los diferentes estímulos, mientras que los sentimientos son un fenómeno de la mente, ya que son las interpretaciones que realizas de las emociones que experimentas y que puedes regular a través de tus pensamientos. Por su parte, las emociones son reacciones psicofisiológicas, es decir, respuestas químicas y neuronales que ocurren de forma automática y espontánea, y antes que los sentimientos.

Sorprendente, ¿verdad? Esto no acaba aquí, a continuación encontrarás algunos de los mensajes que tus emociones tienen para ti. Es cierto que son descripciones generales y que la experiencia de cada persona los llenará de matices, pero sin duda te ayudará a familiarizarte con ellas y actuar en consecuencia.

El mensaje de las emociones

Según el psicólogo Paul Ekman, existen seis emociones básicas interculturales e innatas: el miedo, la ira, el asco, la tristeza y la alegría. Aunque si indagamos, existen muchas más.

Como curiosidad, están las emociones estéticas, que son la respuesta emocional ante cualquier tipo de belleza, ya sea de una obra de arte, un paisaje o una persona determinada, según el catedrático Rafael Bisquerra. Estas emociones son las que experimentan algunas personas, por ejemplo, al observar *La noche estrellada*, de Van Gogh, ver un amanecer, leer *La insoportable levedad del ser*, de Kundera, o escuchar *El lago de los cisnes*, de Chaikovski.

No obstante, según un estudio de la Universidad de California (Berkeley), se han identificado hasta 27 tipos de emociones en la actualidad. Entre ellas se incluyen la admiración, la calma, la confusión, el horror, la nostalgia, la satisfacción, el disgusto, el triunfo o la vergüenza, entre otros.

El principal problema es que **no somos demasiado buenos en describir la mayor parte de los estados emocionales que ex-**

perimentamos. A menudo nos faltan palabras para decir cómo nos sentimos, aunque lo que sí sabemos diferenciar es si estas emociones son agradables —o de valencia positiva— o desagradables —o de valencia negativa—. Y es esta la razón por la que finalmente acabamos hablando de emociones positivas y emociones negativas, dependiendo de lo que nos hagan sentir.

Así, a nivel general, las emociones positivas —como la alegría o el entusiasmo— suelen tener buena prensa, pero las emociones negativas —como el enfado o la rabia— no tanto.

La cuestión es que tanto unas como otras **son adaptativas y, por lo tanto, necesarias**, aunque rechazamos mucho más estas últimas. Por esta razón, a continuación haremos un recorrido por las emociones negativas más comunes y que en ocasiones tanto nos cuesta aceptar. El objetivo es dejar caer prejuicios e indagar un poco más en nosotros mismos.

Cuanto más abiertos estemos a nuestros propios sentimientos, mejor podremos leer los de los demás.
DANIEL GOLEMAN

Enfado

Aferrarse a la ira es como agarrar un carbón ardiente con la intención de tirárselo a otra persona, pero quien se quema eres tú.

BUDA

El enfado aparece cuando algo nos frustra. Cuando queremos hacer o conseguir algo y nos encontramos con un impedimento. La obstrucción que este provoca crea una sobrecarga: el enfado. Se trata de un medio para resolver un problema. Por lo tanto, su función es tratar de asegurar aquello que queríamos. Lo que ocurre es que en la mayoría de las veces, al no saber cómo solucionar la situación ni dirigir adecuadamente la sobrecarga, agravamos el problema.

La emoción y tú:

- Es importante que te plantees si tu forma de enfadarte tiende a destruir o a resolver. Es decir, **¿cómo y cuánto te enojas?** Lo que realmente hace daño del enfado es la acción de destruir a la otra persona o a uno mismo.

Miedo

El miedo siempre está dispuesto a ver las cosas peor de lo que son.

TITO LIVIO

El miedo surge a partir de **la percepción de una amenaza física o emocional**, ya sea real o imaginaria. Esta emoción genera la sensación de que se está corriendo peligro y despierta a su vez el deseo de evitar o huir, porque se considera que existe una gran desproporción entre la amenaza y los discursos que se disponen para enfrentarla.

Además, **el miedo tiene cierto componente subjetivo**, ya que no hay nada que sea una amenaza por sí mismo; esto depende de cada persona y de los recursos que disponga para hacerle frente. Eso sí, el miedo no es el problema, este simplemente indica que existe uno. Lo que ocurre es que, al no tener esta información clara, cometemos el error de convertir en un problema aquello que nos indica que este existe.

La emoción y tú:

- Cuando tengas miedo, pregúntate qué te está amenazando, qué temes perder y para qué te sirve el miedo.

Tristeza

Si no has aprendido de la tristeza,
no puedes apreciar la felicidad.
NANA MOUSKORI

La tristeza nos invita a adentrarnos en nosotros mismos para indagar en aquello que nos duele y que nos baja el estado de ánimo. Suele aparecer cuando sentimos que no podemos más, como un grito de auxilio para parar, conectar con nosotros y saber más sobre nuestras heridas y necesidades. Se trata de una gran oportunidad para crecer, porque, a través de ella, podemos realizar cambios transformadores.

La emoción y tú:

- Cuando estés triste, trata de descubrir de qué te está advirtiendo tu mente. Haz una pausa, vuelve los ojos a tu interior y pregúntate honestamente qué te preocupa, qué es eso que tanto te ahoga y no te deja continuar por momentos.

Rabia

> *La rabia, si no es restringida, es frecuentemente más dolorosa para nosotros que la lesión que la provoca.*
>
> **SÉNECA**

La rabia se origina con la intención de **prepararnos para luchar contra aquello que puede hacernos daño.** Es una emoción rígida, hiriente y destructiva que se relaciona con la ira, la agresividad y la frustración, aunque no siempre se manifiesta con la misma intensidad ni llega a esos extremos. Suele aparecer cuando nos sentimos más vulnerables para defendernos, lo que ocurre es que está empeñada en que todo salga como a ella le gustaría.

El **problema de la rabia es la forma de expresarla**, bien por exceso (como si fuéramos un volcán en erupción) o bien por defecto (cuando la reprimimos). Ahora bien, sea como sea, esta emoción es un escudo, una forma de protegernos del sufrimiento.

La emoción y tú:

- Al experimentar rabia, reflexiona sobre qué te hace sentir vulnerable, qué te duele y en qué crees que se te ha tratado injustamente. Detrás de esta emoción hay una herida que te desborda por la angustia que sientes.

Envidia

La envidia es una declaración de inferioridad.

NAPOLEÓN BONAPARTE

La envidia tiene que ver con el enfado y el dolor que se experimenta al percibir que otra persona ha conseguido lo que nosotros deseábamos o queríamos. Ahora bien, el aspecto central de esta emoción es el hecho de querer eliminar esa diferencia que nos produce la carencia.

La emoción y tú:

- Cuando sientas envidia, **reflexiona sobre qué deseas pero no tienes.** ¿Cuál es tu deseo insatisfecho? Trata de quitar la atención sobre la otra persona y enfócala en ti, en cómo puedes conseguirlo, qué recursos necesitas o si tal vez tendrías que reformular tu objetivo.

La aceptación emocional: el primer paso hacia la felicidad

La aceptación emocional es una de nuestras asignaturas pendientes. A todos nos ha pasado alguna vez que hemos sentido una emoción que nos incomodaba, que no nos gustaba, y hemos terminado por ignorarla o por evitar entrar en contacto con ella.

Identificar cómo nos sentimos y aceptarlo no es tarea fácil, sobre todo cuando tiene que ver con el miedo, la ira, la rabia o la tristeza, con esas emociones que han sido etiquetadas como negativas. Nuestra primera reacción casi siempre es luchar contra ellas, sin darnos cuenta de que así aumentan su fuerza porque se hacen más presentes, o directamente hacemos como si no existieran, provocando el efecto contrario y cronificando nuestro malestar.

«Lo que niegas te somete; lo que aceptas te transforma», expresaba el psiquiatra suizo Carl Jung, y llevaba razón. **Cuanto más renegamos de algo, más presencia tiene en nuestra vida.** Al fin y al cabo, el olvido no se constituye precisamente por ser intencionado.

En cuanto a las emociones, lo más importante es concienciarnos de que tienen algo que decirnos. Que están ahí para ayudarnos, en lugar de para hacernos daño. Solo así podremos abrir la puerta que nos permita conectar con cada una de ellas y validarlas y, una vez hecho esto, comenzar a gestionarlas.

Es cierto que no siempre el mensaje de las emociones será agradable, pero no por ello dejará de ser necesario. Al fin y al cabo, **son una oportunidad para trabajar en nosotros mismos.** Quizá nos hablen de nuestros complejos, de las preocupaciones que tenemos o los miedos que experimentamos, pero lo cierto es que si les hacemos caso, comprendernos mejor está asegurado. De hecho, según un estudio de la Universidad Wayne State (Michigan), **la validación de las emociones de los niños por parte de sus madres favorece el desarrollo de la autoconciencia** y constituye un predictor del buen desarrollo de los más pequeños. Ahora bien, si no la recibimos de pequeños, es bastante común que no lo hagamos de adultos.

Otro aspecto importante que conviene aclarar es que **aceptar tus emociones no significa ver como positivo todo lo que sientas**; se trata de no juzgar. Por ejemplo, yo puedo experimentar envidia por mi compañero de trabajo por todo lo que ha conseguido y yo no. Ahora bien, sé que esa emoción tiene algo que decirme relacionado conmigo, y que la otra persona no ha hecho nada para herirme, por lo que la acepto y la valido para comprender lo que me ocurre y poder gestionarla. **Aceptar es reconocer y validar nuestra experiencia interna.** «Siento envidia, pero en lugar de dejarme atrapar por esta emoción y dejar que crezca en mi interior, voy a esforzarme para superar y conseguir lo que deseo».

Poner palabras a cómo nos sentimos: la expresión emocional

Expresar lo que sentimos en nuestro interior es sano y liberador, pero no siempre sabemos cómo hacerlo. Quizá sea por vergüenza, miedo, por el qué dirán los demás, por una cuestión de educación o simplemente porque contamos con poca experiencia. Lo cierto es que poner palabras a nuestras emociones y exteriorizarlas es un reto para muchas personas.

Expresar cómo te sientes es un acto liberador.

Ahora bien, **poner palabras a cómo nos sentimos es una gran ayuda** tanto en el terreno laboral como en el ámbito social y personal. Los beneficios que nos proporciona son los siguientes:

- Liberar la emoción o la manera como nos sentimos. Es decir, cumple una función de desahogo.
- Conectar con nuestras necesidades más profundas.
- Favorecer el autoconocimiento.
- Crear y fortalecer vínculos.
- Facilitar la resolución de conflictos.

Un ejercicio que favorece la expresión emocional es intentar construir la siguiente frase:

«Me siento... cuando...».

Si lo aplicas con todas las emociones que experimentas, obtendrás una mayor comprensión emocional de ti mismo. Y esto repercute en tenerla también sobre los demás.

Cuanto más abiertos estemos a nuestros propios sentimientos, mejor podremos leer los de los demás.
DANIEL GOLEMAN

Cómo expresar emociones, paso a paso

- **Identifica la emoción y trata de ponerle nombre.** ¿Cómo te sientes?, ¿qué síntomas físicos estás experimentando?, ¿a qué se debe?

- **Presta atención a tu respuesta emocional.** A menudo pensamos que la causa de todo lo que experimentamos es lo que nos ha ocurrido, pero cómo reaccionamos también es determinante. De hecho, solemos generalizar nuestras respuestas emocionales. Por ejemplo, piensa en cómo reaccionas ante situaciones que te producen miedo, ya sea el miedo a decir tu opinión o el miedo a hacer algo; o en cómo reaccionas cuando te enfadas, ya sea porque esperabas algo de tu amiga como de tu pareja o de tu compañero de trabajo. ¿No tienen puntos en común? Pase lo que pase, sueles reaccionar de forma similar cuando te enfadas, estás triste o contento.
- **Elige la mejor situación para expresarte.** Examina la situación, las personas que te rodean y a ti mismo.
- **Expresa cómo te sientes de forma adecuada y honesta.** Si has hecho bien el paso anterior, seguramente podrás expresar tus emociones de forma más controlada.

Estrategias para gestionar emociones

Siempre es un buen momento para aprender a gestionar nuestras emociones y avanzar hacia el camino del autoconocimiento. Se trata de un gran reto que proporciona lecciones muy valiosas: nos ayuda a desarrollarnos y repercute de forma positiva en la autoestima, las relaciones con los demás y el entorno. Al fin y al cabo, aunque las emociones formen parte de nuestra vida, saber regularlas es clave para dar forma a una realidad más satisfactoria y llena de oportunidades.

Ahora bien, **la gestión emocional es un aprendizaje muy personal**, pues no todos reaccionamos de la misma forma ni con la misma intensidad. Por ello, es recomendable que cada uno de nosotros construya su caja de herramientas personalizadas. Habrá quien opte por los ejercicios de respiración, quien necesite trabajar más sus pensamientos o quien prefiera escribir para regular cómo se siente. Lo ideal es contar con herramientas de diferentes tipos que trabajen tanto la parte cognitiva como la emocional, la fisiológica y la conductual.

Por este motivo, a continuación explicaremos varios ejercicios y estrategias para gestionar las emociones. Elige aquellas que mejor te funcionen. Tú decides.

Escribir un diario de emociones

Este ejercicio es un clásico. Se trata de una herramienta extraordinaria para identificar cómo nos sentimos y de qué manera influyen las emociones en lo que hacemos.

Existen diferentes formas de hacerlo. Puedes ir escribiendo en el diario a lo largo del día o bien dedicarle unos minutos antes de acostarte. Sea como sea, lo importante es que anotes lo que sientes y de qué manera te afecta. Cuando hayan pasado varios días, puedes revisar todo lo que has escrito y tratar de buscar puntos en común. Además, tiene un beneficio extra, y es que, ya de por sí, escribir sobre tus emociones resulta liberador.

Un momento al día para preocuparse

Si eres de los que tiene su mente llena de preocupaciones y salta de una a otra de forma constante, este ejercicio puede ayudarte. Se trata de que fijes un momento concreto del día para preocuparte, de manera que si alguna preocupación aparece tan solo tienes que dejarla en la bandeja de entrada de tu mente y ya luego, cuando llegue el momento, coger papel y boli, y reflexionar sobre las soluciones posibles.

La carta sincera

Los ejercicios de escribir son siempre los grandes aliados de la gestión emocional. Esta vez tendrás que escribir una carta sincera y honesta a esa emoción que tanto te incomoda. Cómo te hace sentir, qué influencia tiene sobre tu día a día, qué te gustaría hacer con ella, etc. Luego léela detenidamente y rómpela. Seguro que algo en tu interior se removerá.

La respiración profunda

Casi todos respiramos rápido y de forma superficial (unas 16 o 17 veces por minuto), pero la frecuencia se dispara cuando la ansiedad aparece en nuestra vida. Por ello, ante las situaciones en las que nos sentimos más nerviosos o intranquilos, la respiración profunda es de gran ayuda.

El objetivo de este ejercicio es respirar 10 veces por minuto, algo que no conseguiremos en nuestro primer intento, pero que poco a poco podremos ir mejorando. Para ello, busca un sitio cómodo y tranquilo que te permita tener la espalda erguida:

- Coloca tu pecho hacia delante, relajando los hombros y la mirada.

- Pon una mano sobre tu pecho y otra sobre tu abdomen.
- Inspira lentamente y de forma profunda durante 4 segundos. Al hacerlo, la mano que tienes en el abdomen debe estar más elevada que la mano que tienes en tu pecho.
- Mantén el aire durante 5 segundos y exhala durante 7 segundos.

El peor escenario

A veces nos obsesionamos con ciertos pensamientos y nadie puede sacarnos de ahí. «Seguro que me despedirán», «mi pareja me va a dejar», «mis amigos ya no cuentan conmigo», etc. Los vemos tan reales que es imposible que sean fruto de nuestra imaginación. En general, suele ocurrir cuando sentimos miedo o experimentamos ansiedad.

Para salir de ahí podemos aportar un toque de razón a esa espiral sin sentido que circula por nuestra cabeza, preguntándonos qué pasaría si eso que tanto tememos ocurriera. Y luego debemos aportar una solución.

Si aun así el pensamiento sigue anclado en tu mente, hazte las siguientes preguntas:

- ¿Qué evidencia existe a favor de esa creencia?, ¿y en contra?
- ¿Cuál es la posibilidad de que esté interpretando correctamente la situación?
- Si este pensamiento lo tuviera otra persona, ¿qué le diría?

Ensayo mental

En ocasiones, cuando nos sentimos inseguros ante determinadas situaciones, anticipamos que no irán bien y comenzamos a experimentar ansiedad, lo que implica que la sensación de intranquilidad aumente y luego nos sintamos peor. En estos casos, la técnica del ensayo mental puede venirnos bien.

Se trata de visualizar que la temida situación sucederá sin problemas y nos sentiremos seguros. Además, se recomienda acompañarla de mensajes positivos para reforzar más su efecto.

Por ejemplo, imagínate que tienes que exponer un proyecto o un trabajo en público. Tienes miedo de quedarte en blanco, de no saber explicarte bien e incluso de cometer un error por el que se puedan reír el resto de personas y hacer el ridículo.

En este caso, el ensayo mental trataría de que te recrearas en tu exposición sin cometer ningún fallo, con fluidez, seguridad en ti mismo y relajado porque estás satisfecho con lo que estás haciendo. Para que sea efectivo, lo recomendable es que realices esta práctica mentalmente de forma repetida, simulando las sensaciones lo más fielmente posible y reproduciendo al máximo cualquier detalle, especialmente los que tienen que ver contigo. Y si además le añades algunos mensajes positivos como «lo estoy haciendo bien» o «a la gente le gusta lo que estoy diciendo», mucho mejor.

Diferenciar entre control y responsabilidad

En este caso se trata de hacer dos columnas. Una para responder a **«¿qué está bajo mi control?»** y otra para **«¿de qué soy responsable?»**.

Se puede utilizar la tabla en múltiples situaciones, especialmente en aquellas que despierten más estrés y nerviosismo. El objetivo es hacerse cargo de lo que sí podemos hacer y dejar a un lado lo que no depende de nosotros.

Canalizar la emoción a través del arte

El arte es un buen canalizador de emociones en todas sus formas, desde pintar hasta bailar, escuchar música o tocar un instrumento.

Hay mil y una formas de canalizar las emociones. Se trata de buscar aquella que va más contigo y tratar de expresar cómo te sientes a través de ella.

El para qué

Uno de los ejercicios que más vamos a recomendar en estas páginas, debido al gran valor que tiene. El «para qué» es una gran pregunta que nos sumerge en las profundidades de nuestras emociones y nos ayuda a identificar la función de lo que estamos experimentando, así como a encontrar respuestas a nuestras necesidades.

Tan solo pregúntate: **¿para qué me sirve esta emoción?**

Distanciarse de los pensamientos

Un gran clásico en psicología y desarrollo personal: distanciarse de los pensamientos y no identificarse con ellos. Al fin y al cabo, **todo lo que pensamos no es verdad**, aunque nosotros le demos esa veracidad. Por lo tanto, **cuestiona un poco más lo que piensas, especialmente aquellas creencias que aparecen cuando te encuentras mal.**

Te sorprenderás al descubrir que muchas de ellas no son verdad, que son más bien patrones de pensamientos que tienes, creencias que has ido seleccionando de lo que has vivido y de las experiencias de los demás o ideas contaminadas por cómo te sientes. De hecho, esto último es muy común: cuando te sientes mal, tus emociones razonan por ti y terminas aplicando un filtro gris a la realidad, deformándola. Por ello, cuestiona tus pensamientos y trata de ver cuál es su procedencia.

El arma secreta: la responsabilidad emocional

Esto último no es un ejercicio como tal, pero sí una información muy valiosa a la hora de gestionar tus emociones con los demás. Quizá al principio te resulte un poco chocante, pero si le das una oportunidad, puede cambiar tu perspectiva.

La mayoría de nosotros estamos acostumbrados a responsabilizar a los demás de nuestras emociones, especialmente cuando nos sentimos mal, al igual que algunos de nosotros nos responsabilizamos también de cómo se sienten los demás. Es decir, tanto en una como en otra situación, lo que hacemos es poner el foco fuera.

«Por tu culpa estoy así», «así es como me haces sentir», «me has enfadado», «me has hecho daño», etc. ¿Te resultan familiares? La cuestión es que, cuando expresamos esto, estamos otorgando a los demás el poder sobre nuestras emociones.

Quien te enfada te domina.
BUDA

Ahora bien, si indagamos un poco en este tipo de expresiones, realmente lo que estamos diciendo es: «Tú eres el culpable de que yo esté así, el responsable de cómo me siento». Es decir, yo estoy mal por tu culpa, no porque no sepa gestionar mis emociones. De esta forma, nos colocamos en una posición de víctima de las circunstancias, como si no pudiéramos hacer nada por nosotros mismos, y nuestro estado de ánimo dependiese completamente de los demás. E incluso también pasa al revés: cuando un amigo o un familiar se siente mal, intentamos que se encuentre bien, como si tuviésemos el control sobre sus sentimientos o supiéramos la estrategia para solucionar el sufrimiento ajeno.

Responsabilizar a los demás de cómo nos sentimos es un obstáculo para nuestro desarrollo personal. Porque si no nos hacemos cargo de cómo nos sentimos, ¿quién lo hará? Se nos olvida que es posible gestionar nuestras emociones y responsabilizarnos de ellas.

Es posible gestionar nuestras emociones y responsabilizarnos de ellas.

Es cierto que asumir el peso de un enfado es complicado y que a la primera seguramente nuestro orgullo intentará evitarlo, sobre todo si estamos acostumbrados a poner el foco en los demás. Siempre es más fácil echar balones fuera, culpar a la otra persona y que sea ella la que lidie con nuestro enfado antes que uno mismo, pero así es difícil conectar con nosotros y descubrir qué nos pasa realmente, qué es aquello que esperamos de los demás o de la situación y qué ha pasado realmente.

Sin embargo, esto no quiere decir que no puedas expresar lo que te ha molestado y cómo te sientes con lo sucedido, sino que seas capaz de responsabilizarte de cómo te sientes en lugar de entregar el control sobre tu bienestar a otro. Tienes que hacerte cargo.

Por lo tanto, cuando surja algún conflicto **es importante que reflexiones sobre a quién estás responsabilizando de cómo te sientes**. ¿Eres capaz de asumirlo o lo trasladas a los demás? Para ayudarte, piensa que no es la otra persona quien te enfada, sino tú mismo por lo que esperabas o ha sucedido. A menudo, las discusiones son el resultado del choque entre expectativas y realidad, entre lo que creías que iba a pasar y lo que ocurre en realidad. Eres tú el que siente rabia, ira o tristeza. La cuestión está en indagar más en ellas para descifrar qué quieren decirte.

Para reflexionar: cuando alguien te dice algo que te molesta o no te gusta, es como si te ofreciera un regalo. Si no lo aceptas, el regalo seguirá siendo de esa persona, pero si lo aceptas, lo recoges. Tanto en una como en otra situación, la decisión es tuya.

Reconocer que yo soy el que elige y que yo soy el que determina el valor que una experiencia tiene para mí es algo que enriquece pero que también atemoriza.

CARL ROGERS

PARA NO OLVIDAR:

→ **Todas las emociones tienen un propósito, un sentido y un mensaje para ti.** Para descubrirlo, reflexiona sobre el «para qué» de cómo te sientes.

→ **Reprimir tus emociones aumenta tu sufrimiento.** Negar o ignorar cómo te sientes es como negar o ignorar una parte de ti mismo.

→ Si te responsabilizas de tus emociones, las relaciones con los demás cambiarán de manera positiva, al igual que la relación que tienes contigo mismo.

→ Expresar cómo te sientes, además de un desahogo, es una forma de darte a conocer a los demás.

fortalezas psicológicas para quererse

fortalezas psicológicas para quererse

fortalezas psicológicas para quererse

fortalezas psicológicas para quererse

fortalezas psicológicas para quererse

fortalezas psicológicas para quererse

fortalezas psicológicas para quererse

fortalezas psicológicas para quererse

fortalezas psicológicas para quererse

fortalezas psicológicas para quererse

fortalezas psicológicas para quererse

fortalezas psicológicas para quererse

5

Amarse de verdad: **fortalezas psicológicas para quererse**

Es imposible hablar de felicidad y no profundizar en los recovecos del amor propio, pues no es posible la una sin el otro. Sin embargo, parece que amarnos a nosotros mismos nos cuesta y que incluso en ocasiones lo confundimos con el egoísmo. Pero pensar en uno mismo en detrimento de los demás jamás tendrá que ver con el acto de quererse y valorarse sabiendo que los demás también son importantes.

«El egoísmo y el amor a uno mismo, lejos de ser idénticos, son realmente opuestos. El individuo egoísta no se ama demasiado, sino muy poco; en realidad, se odia. Tal falta de cariño y cuidado por sí mismo, que no es sino la expresión de su falta de productividad, lo deja vacío y frustrado. Se siente necesariamente infeliz y ansiosamente preocupado por arrancar a la vida las satisfacciones que él se impide obtener. Parece preocuparse demasiado por sí mismo, pero, en realidad, solo realiza un fracasado intento de disimular y compensar su incapacidad de cuidar de su verdadero ser.

ERICH FROMM

EGOÍSMO	AMOR PROPIO
Se anteponen los deseos a las necesidades de los demás	Se anteponen las necesidades a los deseos de los demás
Se piensa en uno mismo sin que importen los demás	Se piensa en uno mismo primero y después en los demás
Se siente satisfacción al recibir	Se siente satisfacción al dar
Se está lleno de orgullo	Se cultiva la empatía
Se reclama a los demás lo que no se tiene (relación desde la carencia)	Se ofrece a los demás lo que uno tiene (relación desde la abundancia)
Se crean vínculos superficiales	Se crean vínculos auténticos
Hay una incapacidad para amar a los demás	Se ama a los demás
No hay aceptación ni amor por uno mismo	Hay aceptación y amor por uno mismo
Se experimenta un gran vacío	Se experimenta una sensación de plenitud

Quizá una de las razones de esto último sea que a día de hoy el concepto de autoestima está desgastado, además de mal comprendido. En la era de lo «viral», de los titulares llamativos pero vacíos de contenido, de la inmediatez y la falta de reflexión, **la autoestima ha perdido todo su valor** y ha entrado a formar parte de mensajes en los que impera el individualismo y el egocentrismo. Y esto da cierto vértigo.

Otro punto importante es que, al hablar de autoestima, olvidamos otros conceptos importantes que también influyen en la capacidad que tenemos para amarnos y sentirnos bien con nosotros mismos, como la autoaceptación, la autoconsciencia o la automotivación. Y, por supuesto, a esto también contribuye la tendencia a evitar el sufrimiento como eje principal. **Quererse es positivo, pero es imposible si no aceptamos nuestra vulnerabilidad**, así como nuestras sombras y nuestras heridas.

Amarse a uno mismo es algo muy profundo que no se consigue a través de frases positivas: hace falta un gran trabajo personal. Pues **la autoestima afecta a una compleja red de factores** que interactúan entre sí y que tienen que ver con la historia personal, las relaciones, los aprendizajes y la personalidad.

Valorarse a uno mismo no es algo superficial ni rápido, debe cocinarse a fuego lento, con paciencia y cariño.

Teniendo en cuenta todo lo anterior, es el momento de adentrarnos en las profundidades del amor propio. ¡Comenzamos!

Amor propio: el reencuentro con uno mismo

Amarse a uno mismo es el principio
de una historia de amor eterna.
OSCAR WILDE

Oscar Wilde tenía razón. **Amarnos a nosotros mismos es una tarea que nunca acaba**, pues, aunque lo hayamos conseguido, en cualquier momento pueden aparecer grietas e inseguridades, fruto de lo que ocurre a nuestro alrededor. Por eso no podemos descuidarnos: debemos estar pendientes de cómo nos valoramos. No solo por nosotros, sino por todo lo que implica. Una persona que no se quiere a sí misma, además de ser infeliz, tiene dificultades en sus relaciones con los demás y en la vida en general. De ahí que sea tan importante aprender a valorarse.

Cultivar la autoestima debería ser una asignatura troncal en la vida, pues como decía el psicólogo humanista Carl Rogers, necesitamos cuidar ese sentimiento de valía, autoapreciación y capacidad para construir una vida significativa. Sin embargo, a menudo nos perdemos en definiciones banales y no sabemos realmente qué implica eso de quererse a uno mismo ni cómo lograrlo.

Según el psicoterapeuta canadiense Nathaniel Branden, la autoestima tiene dos componentes:

- Un sentimiento de capacidad personal (confianza en uno mismo).
- Un sentimiento de valía personal (respeto por uno mismo).

Si profundizamos un poco más, la autoestima está relacionada con el juicio que hacemos sobre la habilidad que tenemos para enfrentar los desafíos que se nos presentan y con nuestro derecho a ser felices. Además, se trata de una cuestión de grado, varía de persona a persona y cambia a lo largo del tiempo: puede haber etapas en nuestra vida en las que tengamos más o menos.

La autoestima es una experiencia íntima, pero no exclusiva, ya que la forma que tenemos de valorarnos está influenciada por las personas con las que interactuamos a lo largo de toda nuestra vida, es decir, tiene un componente relacional.

Esto último es algo que no se tiene en cuenta, pero es fundamental. A nivel general, si un niño se siente valorado, reconocido, aceptado y apoyado, cuando sea adulto tendrá una percepción de sí mismo adecuada. Sin embargo, si no se sintió reconocido ni valorado por su entorno, la percepción que tendrá de sí mismo se debilitará y no confiará en sí mismo, es decir, tendrá baja autoestima, ya que durante su infancia no encontró el reconocimiento necesario para creer en sus capacidades, lo que se trasladará a la edad adulta. Igualmente, a lo largo de la adolescencia y la madurez, aparecen otras personas que también pueden influir en cómo se valora una persona, pero suelen tener menos peso que los vínculos de los primeros años. Como decíamos, la relación con los otros forma parte de la construcción de la autoestima.

La mejor imagen de una persona con autoestima es aquella que no está en guerra consigo misma ni con los demás.

Antes de continuar, es momento de hacer una pausa para comprobar qué tal estás contigo mismo. Para ello, responde las siguientes preguntas:

- ¿Cuánto te quieres?
- ¿Cómo te tratas?, ¿de qué manera te hablas a ti mismo?
- ¿Qué valoras de ti?

¿Sabías que el concepto que tienes de ti mismo influye en todo lo que haces? En tus elecciones, tus decisiones y el modelo de vida que te creas. Así, lo que has respondido es determinante para tu día a día, aunque no seas consciente de ello.

Ahora, profundicemos un poco más:

- En la construcción de tu autoestima, **¿qué personas han participado y qué mensajes te han transmitido?** ¿Cómo te valoraban? ¿Qué esperaban de ti? Apúntalo.
- De todos los mensajes que has recibido, ¿cuáles han sido negativos o destructivos y de parte de quién eran?

Si no has trabajado tu autoestima, esto último puede formar parte del diálogo interno que tienes contigo mismo. Incluso puede aparecer con más fuerza en tus momentos de bajón y ser precisamente lo que te impida mostrarte tal y como eres a los demás por miedo a no ser aceptado.

¿Qué tal si piensas de qué forma puedes sacarles partido a estos mensajes? Quizá te sirvan para comprender el mundo interior de las personas que te los transmitieron. A menudo, las críticas continuas, los reproches y los desprecios dicen más de uno mismo que de la persona a la que van dirigidos.

Lo importante no es lo que se hace de nosotros,
sino lo que hacemos nosotros con lo que
se hace de nosotros.
JEAN-PAUL SARTRE

Otro aspecto que influye en tu autoestima es la diferencia existente entre quién quieres ser (yo ideal) y quién crees que eres (yo real). Así, cuanta más proximidad exista entre ellos, tu autoestima será más alta. En el caso de que exista una gran distancia, lo recomendable es que revises tu «yo ideal» para ver si es necesario reajustar algún aspecto o, por el contrario, reflexionar sobre cómo puedes alcanzarlo, es decir, qué puedes hacer para luego planificar estrategias y objetivos.

Ejercicio:

Yo real	Yo ideal

¿Hay mucha diferencia?

En el caso de que exista una gran distancia, responde la siguiente pregunta: ¿en qué puedo mejorar?

Además de todo lo anterior, según Nathaniel Branden existen una serie de estrategias y aspectos que puedes tener en cuenta para desarrollar tu autoestima. Son los siguientes:

- Vivir de manera consciente
- Aprender a aceptarse
- Liberar la culpa
- Integrar el sí-mismo más joven
- Vivir de forma responsable
- Vivir de forma auténtica

Vivir de manera consciente

Si vivieras de forma consciente, ¿en qué aspectos actuarías de forma distinta y cómo lo harías?

En palabras de Branden, vivir conscientemente implica conocer aquello que afecta a nuestros valores, objetivos, metas y acciones, y comportarnos de acuerdo a lo que vemos y sabemos. Es decir, focalizar nuestra atención en lo que estamos realizando y vivir de forma responsable con la realidad. Por lo tanto, esto implica que parte de nuestra autoestima depende de cómo utilicemos nuestra consciencia. Sin embargo, esto no significa que nos guste lo que vemos, simplemente que lo aceptamos y diferenciamos entre lo que es y no es, y no permitimos que nuestros miedos o deseos alteren lo que está pasando.

Vivir conscientemente implica no huir, sino actuar, afrontar. No hacer como si nada, sino abrir los ojos a la realidad, tanto si es agradable como dolorosa. En definitiva, enfrentarse a uno mismo en lugar de escapar.

Vivir conscientemente implica no huir, sino actuar, afrontar. En definitiva, enfrentarse a uno mismo en lugar de escapar.

Aprender a aceptarse

La autoaceptación tiene que ver con el propio reconocimiento, ser conscientes de nuestra naturaleza e identificar el conjunto de luces y sombras que nos conforman. No obstante, debido a la relevancia que tiene para reencontrarnos con nosotros mismos, profundizaremos en ella en el siguiente apartado.

Liberar la culpa

La culpa aparece cuando estamos a la defensiva, tenemos una gran necesidad de justificar lo que hacemos, especialmente cuando nos cuesta recordar o analizar nuestra conducta.

Ahora bien, a veces la culpa nace por la influencia de otros, de lo que ellos consideran que es lo mejor o lo adecuado. Por ello, es importante que cuando experimentes este sentimiento, te preguntes bajo qué parámetros te estás juzgando y, si no son tuyos, piensa sobre la situación. Si no ves nada de malo en lo que has hecho desde una perspectiva consciente y honesta, quizá dejes de condenarte.

A menudo, la culpa surge del no cumplimiento de las expectativas de otros o para ocultar sentimientos renegados o rechazados. Es como una especie de protección para no enfrentarse a las consecuencias derivadas de autoafirmarse. La cuestión es que, por miedo, una persona puede no llegar a mostrarse y llenarse de resentimientos de forma continua, lo que hace que cada vez se valore menos a sí misma.

Así, en lugar de fustigarte, ¿qué tal si haces un ejercicio de reflexión y te preguntas cuáles fueron las circunstancias, qué querías lograr y cómo te defendías? Las acciones que llevaste a cabo tenían algún sentido para ti, aunque a veces no sepas reconocerlo. Sin embargo, eso no impide que contemples con compasión y una actitud comprensiva cuál era tu contexto personal.

De algún modo, nuestras acciones siempre están dirigidas a satisfacer nuestras necesidades, a protegernos y a mantenernos en equilibrio para crecer; incluso cuando llevamos a cabo acciones autodestructivas, pues en algún nivel lo que pretendemos es salvarnos, como en el caso de una persona con problemas de adicción a las drogas que busca escapar del sufrimiento.

Por ello, lo más recomendable aquí es trabajar en el perdón: a uno mismo y a los demás, en el caso de que les hayamos hecho daño. Y si es posible, hacer algo para enmendarlo o minimizarlo. De nada sirve criticarte y reprocharte constantemente, porque no tiene ningún beneficio. Al decirlo no conseguimos nada porque, si fuera así, algo habría cambiado en ti, ¿no crees?

Integrar el sí-mismo más joven

Muchas personas son incapaces de perdonar al niño que fueron alguna vez. No pueden perdonarse haber tenido miedo a un padre, tener la necesidad de aprobación de una madre, haberse sentido intimidado por otra persona, hacer cualquier cosa para gustar, haber sufrido tanto por no sentirse querido, etc.

Esto indica que ese niño sigue existiendo en el interior y sigue siendo rechazado. No se lo ha perdonado, algo que puede cambiar si entendemos que en aquel momento ese niño no podía, no sabía o no era capaz de afrontar algo; simplemente luchaba por sobrevivir de la mejor manera posible, esa que él sabía.

Vivir de forma responsable

Este punto tiene que ver con vivir la vida desde una actitud activa, responsabilizándose de aquello que es posible y diferenciando lo que no está bajo el control de uno mismo. O sea, dejar de echar balones fuera y de adoptar una postura de pasividad o victimismo. En definitiva, se trata de responsabilizarse de la propia existencia, algo que tratamos al final del capítulo anterior.

Vivir de forma auténtica

Se trata de mantener la coherencia entre nosotros mismos, nuestra vida interior y la realidad. **¿Somos la misma persona cuando estamos a solas que con los demás?**

Si no es así, además de falsear la realidad con los otros, vivimos en una continua traición a nosotros mismos porque no nos aceptamos. Por lo tanto, somos nuestra primera víctima, ya que consideramos que la verdad, el hecho de mostrarnos tal y como somos, es vergonzoso.

Ahora bien, pasar de una vida de «mentira» a una auténtica consiste en un proceso. No es algo que se logre de la noche a la mañana, pues hay que deshacerse de muchas máscaras; la pregunta es: **¿estamos dispuestos a ver qué pasa si poco a poco nos mostramos con mayor autenticidad?**

Eres tan increíble como te dejas a ti mismo serlo.
ELIZABETH ALRAUNE

Declaración de autoestima, Virginia Satir

Yo soy yo

En todo el mundo no existe nadie exactamente igual a mí. Hay personas que tienen aspectos míos, pero ninguna forma mi mismo conjunto. Por tanto, todo lo que sale de mí es auténticamente mío porque yo sola lo elegí.

Todo lo mío me pertenece. Mi cuerpo, todo lo que hace; mi mente, con todos sus pensamientos e ideas; mis ojos, incluyendo todas las imágenes que ven; mis senti-

mientos cualesquiera que sean: ira, alegría, frustración, amor, decepción, emoción; mi boca y todas las palabras que de ella salen, refinadas, dulces o cortantes, correctas o incorrectas; mi voz fuerte o suave; y todas mis acciones, sean para otros o para mí.

Soy dueña de mis fantasías, mis sueños, mis esperanzas y mis temores.

Son míos mis triunfos y mis éxitos, todos mis fracasos y mis errores.

Puesto que todo lo mío me pertenece, puedo llegar a conocerme íntimamente. Al hacerlo puedo llegar a quererme y sentir amistad hacia todas mis partes. Puedo hacer posible que todo lo que me afecta funcione para mis mejores intereses.

Sé que tengo aspectos que me desconciertan y otros que desconozco. Pero mientras yo me estime y me quiera, puedo buscar con valor y optimismo soluciones para las preguntas e ir descubriéndome cada vez más.

Comoquiera que parezca y suene, diga y haga lo que sea, piense y sea en un momento dado, todo es parte de mi ser. Esto es real y representa el lugar que ocupo en este momento del tiempo.

A la hora de un examen de conciencia, respecto de lo que he dicho y hecho, de lo que he pensado y sentido, algunas cosas resultarán inadecuadas. Pero puedo descartar lo inapropiado, conservar lo bueno e inventar algo nuevo que sustituya lo descartado.

Puedo ver, oír, sentir, pensar, decir y hacer. Tengo los medios para sobrevivir, para acercarme a los demás, para ser productiva, y para lograr darle sentido y orden al mundo de personas y cosas que me rodean.

Me pertenezco y así puedo construirme.
Yo soy yo y estoy bien.

La aceptación: el requisito fundamental para sanar

El amor propio se construye poco a poco; hay que tejerlo con delicadeza y regarlo cada día, pero esto no será posible si no nos aceptamos.

La autoaceptación es un requisito fundamental para querernos a nosotros mismos. Eso sí, no significa resignarnos o descartar la posibilidad de mejorar o evolucionar, todo lo contrario. De hecho, **es el paso previo para cambiar.**

Aceptar no implica necesariamente gustar. Podemos mirar nuestro cuerpo en el espejo y que ciertas partes no nos agraden e intentar vivir como si no existieran, rechazándolas o negándolas. Pero también podemos intentar mirarnos desde una actitud de aceptación, desde la que, sean cuales sean nuestros defectos, nos aceptemos completamente, sin juicios ni críticas, respetando la realidad. Así somos en este momento y no lo negamos.

La autoaceptación tampoco depende del rendimiento, la productividad o la aprobación. Más bien se trata de convencernos de que estamos vivos, somos seres humanos y somos únicos. Así, aceptarnos a nosotros mismos significa aceptar que lo que pensamos, sentimos y hacemos no nos define totalmente, pues sucede en un determinado momento y con relación a unos hechos u objetivos. Somos mucho más que eso. De hecho, si echamos la vista atrás, podemos ver cuánto hemos cambiado a lo largo de nuestra vida.

Lo que **a veces nos genera confusión es reducir nuestro ser (quienes somos) a lo que hacemos.** Se trata de una sobregeneralización incorrecta, ya que hacemos un gran número de cosas en nuestra vida, además de contradecirnos, ser incoherentes y falibles. Por ejemplo, decidimos dejar de hacer algo y seguimos realizándolo, o nos proponemos una serie de objetivos y justamente no los cumplimos. Por lo tanto, no tiene mucho sentido que nos valoremos únicamente en este tipo de situaciones, porque hacemos tantas cosas que es imposible describirnos como «buenos» o «malos», más bien podemos decir que nuestras acciones son buenas o malas (con relación a nuestros objetivos y propósitos).

Otro obstáculo para la autoaceptación es la exigencia que tenemos sobre nosotros mismos. Esta tendencia impide que nos conformemos con quienes somos y lo que hacemos, apostando siempre por hacerlo mejor e incluso fantaseando con la ilusión del perfeccionismo (algo imposible e infinito). La exigencia nos castiga y nos hace sentir mal porque nos compara con los demás y nos pide siempre los máximos resultados en las mejores condiciones, sin tener en cuenta cómo nos encontramos. Se trata de una actitud muy rígida, una mirada desde la carencia, que, mantenida en el tiempo, acaba por rompernos porque nos impide aceptarnos. Siempre hay algo más que podemos hacer y mucho mejor, además de señalarnos con el dedo. Es como si viviéramos agarrados a una vara de medir para evaluarnos constantemente y ver si nos desviamos de la puntuación exacta, algo que además acabamos haciendo también con los demás.

Por lo tanto, la autoaceptación incondicional consiste en comprender que **estamos separados de nuestras acciones y cualidades**, como expresa el psicoterapeuta Russell Grieger. Es decir, que cometemos errores, fracasamos, tenemos éxito y cumplimos nuestros objetivos, pero que esto no nos define completamente, porque somos mucho más.

Aceptarse implica permitirnos concentrarnos en aquello que somos y amamos de nosotros mismos, al mismo tiempo que nos concienciamos de aquello que no nos gusta, pero sin juzgarnos y pudiendo dar paso al cambio, si así lo deseamos.

Autoaceptación quiere decir que la persona se acepta a sí misma plenamente y sin condiciones, tanto si se comporta como si no se comporta inteligente, correcta o competentemente, y tanto si los demás le conceden como si no su aprobación, su respeto y su amor.

ALBERT ELLIS

Más allá de la autoestima

Según el psicoterapeuta Russ Harris, hay otros aspectos más importantes que la autoestima. Son la autoaceptación, la autoconciencia y la automotivación.

El primero de ellos ya lo vimos en el apartado anterior, ahora profundizaremos en los otros dos:

Autoconciencia

La autoconciencia es la llave que abre la puerta a la autoaceptación, la automotivación y la autoestima. Se trata del «darse cuenta», del ser capaz de identificar qué nos está pasando, de cuáles son nuestros pensamientos, sentimientos y acciones. Por lo tanto, esta habilidad posibilita la conexión con nosotros mismos y la opción de trabajar cualquier aspecto relacionado. Tener autoconciencia es lo contrario de vivir con el piloto automático.

Para Harris, hay tres elementos esenciales de la autoconciencia:

- **Circunspección:** Es la conciencia atenta a lo que ocurre a nuestro alrededor. Por ejemplo, observar las historias que nos cuenta nuestra mente, los patrones habituales que tenemos a la hora de actuar o cómo nos sentimos ante los retos o dificultades.
- **Reflexión:** Trata de examinar nuestras acciones de la manera menos crítica posible en términos de «viabilidad», es decir, analizar si lo que hacemos nos ayuda a vivir como queremos. Para desarrollar esta capacidad, puedes preguntarte:
  - ¿Qué cosas de las que he hecho han funcionado?
  - ¿Cuáles no?
  - ¿Qué podría hacer diferente la próxima vez?
- ***Feedback:*** Consiste en la valoración sincera, práctica y libre de prejuicios que pueden darnos personas fiables y competentes.

Automotivación

La automotivación se relaciona con esas dosis de energía que nos ayudan a recorrer el camino hacia nuestros objetivos. Ahora bien, para obtenerla es conveniente tener claro que la motivación es el deseo de hacer algo, pero luego hay que saber qué decisiones queremos tomar y qué valores de los que tenemos pueden sustentarlas, ya que estos son como una brújula y nos ayudan a mantener el rumbo. Además, tenemos que comprometernos. Y, por supuesto, en este caso tenemos que dejar a un lado la creencia de esperar a que aparezcan las ganas, pues como expresa Harris: «La acción comprometida viene primero; sentirse motivado viene después».

PARA NO OLVIDAR:

→ **No confundas amor propio con egoísmo.** No es lo mismo amarse para darse al otro, que amarse de forma exclusiva en detrimento de los demás y a costa de todo.

→ El concepto que tienes sobre ti mismo, junto con la forma que tienes de valorar, influye en todo lo que haces.

→ **Eres mucho más que tus palabras y tus actos.** No reduzcas quién eres únicamente a lo que haces.

→ Aunque a veces no tengas ganas de hacer algo, recuerda que la motivación no irá en tu busca ni aparecerá por arte de magia. **¡Actúa, ponte en marcha!**

la magia de las relaciones

la magia de las relaciones
la magia de las relaciones
la magia de las relaciones
la magia de las relaciones
la magia de las relaciones
la magia de las relaciones
la magia de las relaciones
la magia de las relaciones

6

Conectar desde el corazón: **la magia de las relaciones**

Somos seres relacionales. Nacemos y nos desarrollamos mediante las relaciones, siendo el amor el principal sentimiento de la vida y el que nos une unos a otros. Con él nos expresamos, validamos a los demás y nos validan, formamos alianzas, nos acompañamos y cuidamos. **Es el hilo conductor de cualquier vínculo**, aunque en cada uno de ellos se expresa de una forma u otra. Es el sentimiento que más nos enriquece y que saca lo mejor de nosotros mismos.

Cualquier relación está impregnada de amor, aunque a veces no seamos conscientes de ello. Se trata de un arte, como decía Erich Fromm. Sin embargo, es importante **saber amar, pues no todas las formas de expresarlo valen**. Ser consciente de ello es el primer paso para construir relaciones sanas.

El amor es acción, no pasividad. Es dar, no enfocarse únicamente en recibir. Es tener en cuenta al otro, en lugar de mirar para sí. Y para esto necesitamos un entrenamiento, pues no siempre estamos dispuestos a ello. Si lo logramos, son numerosos los beneficios que obtendremos, pues las conexiones con los demás nos ayudan de muchas formas y nos hacen sentir mejor.

Amar es la experiencia más grande que podemos experimentar, pero también la más compleja.

Ahora bien, para saborear todo lo que el amor puede ofrecernos, es necesario indagar en nuestro interior, en nuestra visión de las relaciones y del mundo en general, pues seguramente habrá que romper con ciertas creencias. Por ello, la primera pregunta que debes hacerte es:

¿Qué es el amor para mí?

- ....
- ....
- ....
- ....

Si tienes pareja, estaría bien que investigaras qué es el amor para ella, pues a menudo hay diferencias sobre la concepción del amor que, si las tenéis en cuenta, pueden ayudaros.

Ahora es el turno de navegar por el océano infinito de este sentimiento tan grandioso. ¿Preparado?

La magia de la conexión emocional

¿Con cuántas personas te has cruzado a lo largo de tu vida? La cifra es incalculable.

Son tantos los rostros con los que has coincidido que muchos de ellos se han quedado en el olvido, aunque otros han pasado a ser algo más que una cara anónima: compañeros de trabajo, amigos o incluso alguien con el que compartimos una bonita historia de amor. A veces «saltan chispas», surge esa mágica conexión y se crean vínculos. Ahora bien, ¿por qué con algunas personas conectamos y con otras no?

Que alguien te haga sentir cosas sin ponerte el dedo encima, eso es admirable.
MARIO BENEDETTI

Esta conexión parte de improntas emocionales, de una arquitectura profunda en la que el respeto, la empatía, el interés, la buena comunicación y la preocupación sincera son sus principales protagonistas. Aunque, especialmente, es la sensación de seguridad la que predomina cuando conectamos con otra persona: el saber que el otro estará ahí nos hace sentir felices y validados.

Así, los principales factores que suelen darse para conectar con otra persona son los siguientes:

- **Factor sorpresa.** Es el primer paso, esa coincidencia inesperada y casual con otra persona con la que tenemos algo en común y que nos empieza a unir a ella.

- **Complicidad.** Se trata de la sensación de afinidad que se va formando tras el primer flechazo y una vez que se comienzan a consolidar los gustos y aficiones, gracias a la comprensión mutua.
- **Disponibilidad.** Estar el uno para el otro, lo que origina una sensación de seguridad y apoyo, algo fundamental.
- **Empatía.** Componente fundamental en cualquier relación sincera y honesta: saber ponerse en el lugar del otro, tratar de observar el mundo desde sus ojos y su punto de vista, lo que favorece y fortalece el vínculo.
- **Preocupación sincera.** Tener en cuenta las necesidades y los deseos del otro, preocuparnos por ellos y, en la medida de lo posible, tratar de satisfacerlos o ayudar a la otra persona a que los lleve a cabo. Además, mostrar un interés hacia el otro impulsado por una sensación de conocerlo cada día más.
- **Confianza.** Saber que se puede ser uno mismo con el otro, que no es necesario ponerse máscaras y disfraces, además de que se puede contar con él para lo que necesitemos. Además, es una gran facilitadora de la comunicación emocional, otro aspecto clave y transversal al resto.
- **Emociones positivas.** Risas, alegrías, comodidad... La capacidad de sentirse bien al lado de la otra persona, lo que favorece la segregación de oxitocina, la hormona que fortalece los lazos con los demás.
- **Autorrevelación.** Consiste en contar nuestras confidencias más íntimas a la otra persona porque nos sentimos seguros y confiados y sabemos que las custodiará, nos apoyará y nos hará saber su opinión sincera, al igual que nosotros con ella. Por lo tanto, se establece la reciprocidad.

- **Dinámicas de la relación.** Se trata de las formas de relación que se establecen con la otra persona y que están impregnadas de lealtad, comunicación y validación emocional.

Además, cuando surge esta conexión emocional con otra persona, **el cerebro también es testigo de ello, ya que se producen cambios en él.** Por ejemplo, disminuye el cortisol o la hormona del estrés y la actividad del hipotálamo, una estructura relacionada con la regulación emocional, y además experimenta una sensación de calma, fruto de la sensación de seguridad. Según los expertos, el cerebro se ilumina cuando nos encontramos con otras personas.

Un dato curioso: según la psicóloga y antropóloga Judith E. Glaser, de la Universidad de Harvard, todos tenemos una voz interior que nos dice si algo o alguien puede ser relevante o significativo para nosotros. Otra cosa es que la escuchemos o no...

Ahora bien, hay dos aspectos importantes a tener en cuenta en el terreno de la conexión emocional. El primero es que, a pesar de que nuestro cerebro responda de forma intensa ante una persona, es importante conocerla antes de dejarse llevar. Y el otro es que **esta conexión puede debilitarse si no hacemos nada por mantenerla**, ya que esa sensación mágica del principio suele disminuir. De ahí que sea necesario realizar un esfuerzo para seguir formando parte de ese engranaje perfecto de amor o amistad. Hay que invertir en la relación, apostar por ella y salir de nosotros mismos para encontrarnos de forma auténtica con el otro, especialmente con el paso del tiempo.

La conexión emocional es una de las experiencias más maravillosas que podemos experimentar, incluso indescriptible, pues las palabras se quedan muy cortas para definir todo lo que implica. No es fácil encontrar a una persona con la que crear un vínculo tan mágico e intenso, tan verdadero.

El amor maduro y las parejas conscientes

El amor es el gran misterio de la vida, el sentimiento más trascendental y más importante. Inefable en muchas de sus aristas. La base de las buenas relaciones y el nutriente que todos necesitamos para ser felices. Y con esto no me refiero solo a las relaciones de pareja, sino a todas aquellas que construimos con los demás.

Según la antropóloga Helen Fisher, «las personas nacemos para amar». Y según el neurobiólogo Gerald Hüther, lo que en realidad nos ha permitido avanzar como especie es el amor. Por lo tanto, dar y recibir amor es esencial, son factores protectores de la mente y el cuerpo, y la cuestión más importante de la vida. Porque ¿cómo seríamos sin la capacidad de amar?

Ahora bien, **para que una relación de pareja funcione bien es necesario que esta sea sana,** que construya un puente entre sus miembros, en lugar de muros y trincheras. Sin embargo, a veces aparecen ciertos obstáculos que impiden que se desarrolle de la mejor forma posible. A menudo son nuestras heridas, eso que hemos vivido a lo largo de nuestra historia, otras veces es nuestra ignorancia y en muchas ocasiones son nuestras creencias: lo que pensamos sobre qué es el amor y cómo debería de ser.

Sea como sea, todo ello puede influir en la relación y destruirla poco a poco hasta llegar a dinámicas realmente dañinas, en las que están presentes los cuatro jinetes del apocalipsis que señala John Gottman:

- **Las críticas.** No es lo mismo quejarse que criticar. Una queja se refiere a una acción específica del otro en la que ha fallado, mientras que la crítica incluye culpa y difamación. Ahora bien, es cierto que las críticas suelen estar presentes en las relaciones, pero el problema es cuando estas son destructivas, la relación está plagada de ellas y dan paso a los siguientes jinetes.
- **El desprecio.** En cualquiera de sus formas (sarcasmo, escepticismo, insultos, humor hostil, etc.), envenena la relación. El desprecio aumenta el conflicto y aleja la reconciliación, ya que manda el mensaje de que se está disgustado con el otro. Este surge de los pensamientos negativos sobre la pareja que han sido silenciados y no expresados a lo largo del tiempo.
- **La actitud defensiva.** Se trata de tomárselo todo como un ataque y estar siempre en disposición de lucha para defenderse. Implica no aceptar nada de lo que se dice, tener el oído cerrado y contraatacar (culpando al otro), lo que implica no responsabilizarse ni siquiera del conflicto e impedir cualquier tipo de solución, cambio y aprendizaje. No se atiende a razones y se imposibilita el establecimiento de un diálogo coherente y maduro.
- **La actitud evasiva.** Silencio, inexpresividad corporal, mirar hacia el otro lado, hacer como que el otro no existe, contestaciones breves y monosílabas, etc. Se trata de actitudes que hacen daño al otro y que pueden

encenderlo más aún por el trato recibido, y que también impiden la solución del conflicto.

Si estos cuatro jinetes se instalan en las relaciones, es muy probable que lleguen a su fin, pues son dinámicas muy destructivas que acaban por desgastarlas.

Si juzgas a las personas,
no tienes tiempo para amarlas.
MADRE TERESA DE CALCUTA

Ahora bien, **es posible cultivar un amor sano junto a otra persona**, siempre y cuando queramos comprometernos y esforzarnos. Al fin y al cabo, el amor se alimenta de nuestros actos. Para ello, es importante diferenciar entre amor infantil y amor maduro.

AMOR INFANTIL	AMOR MADURO
El afecto nace de la necesidad	El afecto nace del deseo
Idealización	Realidad (ve al otro con virtudes y defectos)
Eterna sensación de inconformidad	Libertad y respeto
Posesión y control	Compromiso firme

El amor infantil sigue el principio: «amo porque me aman».
El amor maduro obedece al principio: «me aman porque amo».
El amor inmaduro dice: «te amo porque te necesito».
El amor maduro dice: «te necesito porque te amo».
ERICH FROMM

Así, el **amor infantil parte de la necesidad.** La persona necesita ser amada por otra para tener presencia en el mundo, y es de eso de lo que se nutre su autoestima y su autoconcepto. De manera que si la otra falta, ella no es nada. Además, tiene un componente de idealización muy alto (típico de la fase de enamoramiento de las relaciones de pareja), en el que la otra persona es valorada de forma sobredimensionada porque se considera que es la mejor y que apenas tiene defectos; suele ser posesivo y controlador, no deja espacio a la pareja. Ahora bien, también las personas que lo viven son unos eternos insatisfechos porque nunca están conformes con nada, siempre quieren más y más, y consideran que nadie los quiere como ellos esperan. Esto último se debe al gran vacío que experimentan por no amarse a sí mismos.

Por su parte, **el amor maduro nace del deseo, del querer compartir la vida con alguien**, de la elección y no de la necesidad, y es fruto de un viaje personal que va de la carencia a la plenitud. Es decir, todos amamos de forma infantil en algún momento de nuestra vida, especialmente en nuestros primeros años, pero hay un gran salto que nos lleva a la madurez en el amor que no todas las personas dan, pero que es necesario para una relación de pareja sana.

Así, en este tipo de amor, la persona no necesita a otra para sentirse plena, no cree en encontrar su «media naranja», porque se siente realizada por sí misma (es una naranja completa). Esto implica no relacionarse con el otro para completar los vacíos propios, sino para compartir la plenitud. Al tener una autoestima sana, se relaciona desde el respeto y la libertad con su pareja, viéndola tal y como es, con sus virtudes y sus defectos, con sus errores y aciertos, aceptándola y eligiéndola como compañera de vida desde la comprensión y un compromiso firme.

Quienes cultivan un amor consciente saben que el amor es un fluir, pero también un cuidar y un plantar, un trabajo constante que tiene como base el propósito de crecer juntos (a nivel individual y de pareja).

El amor es un desafío constante; no un lugar de reposo, sino un moverse, crecer, trabajar juntos; que haya armonía o conflicto, alegría o tristeza, es secundario con respecto al hecho fundamental de que dos seres se experimentan desde la esencia de su existencia, de que son el uno con el otro al ser uno consigo mismo y no al huir de sí mismos.

ERICH FROMM

Reflexiones sobre el amor

Cada persona tiene su historia y ve la realidad de forma diferente

Esta es una de las reflexiones más valiosas en una relación. Cada uno de nosotros es un puzle de circunstancias, experiencias y vivencias que nos moldean, nos influyen y nos conforman. Saber que el otro es diferente y que está luchando sus propias batallas nos ayuda a comprenderlo. Porque todo lo vivido nos afecta de alguna forma, y cómo lo encajamos depende de nuestra historia. Por ello, cuando no comprendas algo de la otra persona, trata de pensar en esto.

Gestionar las emociones favorece las relaciones sanas

La mayoría de los conflictos surgen por no sabernos gestionar a nosotros mismos, especialmente por no saber qué hacer con cómo nos sentimos. Así, si no sabemos qué quiere decirnos nuestra tristeza o nuestro enfado, somos unos desconocidos ante nuestros ojos y, por lo tanto, los demás difícilmente pueden conocernos. De hecho, es muy probable que los culpemos por ello o les carguemos nuestra responsabilidad.

Hay que tomar consciencia de nuestras emociones, de cómo funcionamos y cómo nos afectan. Solo así crearemos relaciones más sanas y constructivas.

No todas las personas pueden amarnos

Algo que parece evidente, pero que no todas las personas parecen tener en cuenta. Nadie está obligado a amarnos, a aprobar lo que hacemos y pensamos o a estar de acuerdo con nosotros.

Es necesario dejar de esperar a que otra persona se enamore de nosotros, pues no es posible. No podemos encajar ni gustar a todo el mundo. Lo mejor es ser libres para recorrer nuestro camino y que este nos lleve a esas personas que sí quieran estar a nuestro lado. El amor no se fuerza.

Las personas cambian y tienen su propio camino

Nada permanece, todo cambia, y las personas no vamos a ser menos. Las experiencias nos transforman a veces de forma obligada por las circunstancias y otras de forma deliberada por nuestras decisiones. Con el paso del tiempo, no somos los mismos.

¿Y qué implica esto? Ser flexibles en nuestras relaciones y comprender que el otro no va a comportarse como esperamos, ni siquiera estando acostumbrados a ciertos comportamientos. Y claro está, nosotros tampoco. Cambiar es inevitable y también un derecho si así lo deseamos.

Las relaciones son una oportunidad para aprender

Sobre uno mismo, los demás, el mundo... Las relaciones son una fuente de aprendizajes y lecciones valiosas si les prestamos atención. Nos enseñan las raíces del dolor y la desesperanza, pero también las raíces de la complicidad, el amor y la confianza, la esencia del afecto en todas sus facetas y el poder del perdón y el agradecimiento.

Al relacionarnos con otra persona, se pone en evidencia una parte de nosotros, de nuestras vulnerabilidades y necesidades, pero también de nuestros deseos y fortalezas, especialmente si el vínculo que tenemos es fuerte y cálido.

Hay que conocerse y cuidarse a uno mismo

Amar a otro no implica que nos descuidemos, todo lo contrario. Porque solo cuando nos amamos, nos acogemos con cariño y respeto; es entonces cuando podemos entregar el amor verdadero a los demás.

Amar es quererse para querer, respetarse para respetar, saber dónde están nuestros límites y hasta dónde estamos dispuestos a llegar; es ser consciente de que no estamos obligados a soportar ninguneos ni malos tratos ni relaciones a medio gas. Somos libres para elegir en qué lugar estar y junto a qué personas caminar.

Expresar afecto

No hacen falta grandes actos para demostrar amor, pero sí que es importante no descuidar este aspecto. Al fin y al cabo, expresar al otro nuestro amor es necesario para que se sienta querido.

La suerte es que es posible hacerlo de muchas formas. De hecho, en cada uno de nosotros predominan unas más que otras. Se trata de los famosos lenguajes del amor de Gary Chapman:

- **Palabras de afirmación** (elogios, palabras positivas, cartas de amor, ánimos, etc.).
- **Tiempo de calidad** (hacer cosas juntos: paseos, conversar, un plan divertido, etc.).
- **Regalos** (obsequios, detalles que gustan a la otra persona, etc.).
- **Actos de servicio** (cuidar al otro cuando está enfermo, preparar la comida, etc. Son tareas realizadas como acto de amor, no por obligación).
- **Contacto físico** (caricias y abrazos).

En cada uno de nosotros predominan algunos más que otros y precisamente estos son los que a nosotros también nos gusta recibir.

Las relaciones son desiguales

Quizá la frase te haya escandalizado un poco, pero así es. Es imposible que en una relación gobierne la equidad de forma constante, aunque sí el respeto. Esto hace referencia a que a veces uno tomará una decisión y en otras ocasiones será otro; se trata de un baile en el que los papeles se van intercambiando dependiendo de lo que suceda alrededor.

No es posible llevar un recuento objetivo de todos los actos de amor de cada miembro de la pareja, de las decisiones que toman o las responsabilidades que llevan a cabo. Se trata más bien de un intercambio.

Las relaciones se nutren del trabajo, el esfuerzo y el cuidado

Lo hemos dicho varias veces, pero es necesario recalcarlo para que no se olvide. El amor no es un sentimiento pasivo, se alimenta de nuestros actos, de nuestro compromiso, de aquello que hacemos. Hay que cuidarlo para que dure, hay que sanarlo de vez en cuando, hay que trabajarlo. Esto implica estar dispuestos a darse y conocer al otro, y a tener en cuenta la relación, a salirse de la comodidad de uno mismo.

Hay que saber decir adiós

Uno de los aprendizajes más complicados, pero sin duda necesarios: saber poner punto y final e iniciar un camino de reconstrucción que necesita su tiempo.

El poder de transformación del amor

El amor tiene la capacidad de transformarnos. Sentirse amado de verdad, sin condiciones y a pesar de todo, es uno de los sentimientos más profundos que podemos experimentar los seres humanos. Ahora bien, es difícil describirlo con palabras. Se trata de una experiencia asociada a lo trascendental que va mucho más allá de cualquier sentimiento que podamos experimentar y que a menudo se define como inabarcable y profunda.

Si tenemos en cuenta que el amor es el principal sentimiento de la vida, el que nos une a todos y a todas las cosas, es imposible negar su poder transformador. La cuestión está en que **son muchas las barreras levantadas que nos impiden amar y ser amados de esta manera**, y más ahora, cuando el egocentrismo es el principal emperador de esta sociedad que nos lleva a mirarnos de forma exagerada y continua a nosotros mismos.

Hay que salir de ahí, de esos habitáculos que nos hemos construido y cuyas paredes gigantescas están hechas a base de llevar la razón para garantizarnos el placer y el disfrute a toda costa. Corremos un grave peligro si no lo hacemos: el distanciamiento, la individualidad, el egocentrismo y la soledad.

Cada vez estamos más solos, nuestras relaciones son más superficiales y nos encontramos más insatisfechos.

Nos construimos nuestra propia trampa y ni siquiera somos capaces de salir de ella, pues **este estilo de vida nos lleva a una vorágine de egoísmo** en la que percibimos al otro más bien como un instrumento para conseguir lo que deseamos o queremos y no como una persona con la que compartir nuestra vida, nuestro tiempo y afecto. Parece que, incluso, el otro estorbe en ese momento. Sin embargo, nacemos con esa impronta de amar y, si escarbamos un poco, es la esencia que todos llevamos dentro.

La experiencia de amar es universal, aunque no dejamos de enmascararla. Si la dejásemos ocurrir, si permitiéramos que nos abrazara, todo sería diferente, pues el amor genera un sentimiento de vitalidad, una explosión de energía y una tendencia al encuentro con el otro, con la naturaleza, con el todo.

El amor es muy amplio, aunque la mayoría de nosotros lo vivamos ahora como algo reducido y caduco; por eso somos incapaces de ver su potencial transformador. De hecho, si lo viéramos quedaríamos deslumbrados por sus efectos.

En cada uno de nosotros existe el deseo de sentir un amor incondicional, de conexión, de ser parte de algo... Sin embargo, no dejamos que surja porque somos esclavos del recibir y unos tiranos del «todo a mi manera». **Se nos ha olvidado la importancia del dar en todas sus esferas.**

Nos escudamos en que si lo hacemos no seremos tratados de la misma manera, que seguirán sin tenernos en cuenta y que no servirá para nada. Aquí sigue habiendo parte de ese egocentrismo, de ese «yoísmo» desmesurado y del deseo de seguir recibiendo.

Se trata de dar sin más, sin guardar lo que hacemos en una lista para comprobar más adelante si esa persona nos lo devuelve; de salir de nuestro papel protagonista por el que todos nos adoran y mirar por el bien del otro, hacia el otro y por el otro. ¿Qué tal si lo probamos?

Para ello, hay que ir más allá. Se trata de un compromiso personal. Solo así podremos saborear el amor en todos sus niveles como una experiencia trascendental y genuina. Porque, cuando es sincero y verdadero, rompe con todos los esquemas.

El amor es la única cosa que trasciende el tiempo
y el espacio. Tal vez debamos de confiar en eso,
incluso si no podemos entenderlo.
PROFESOR BRAND, PELÍCULA *INTERSTELLAR*

Ahora que ya hemos finalizado este capítulo:

¿Qué piensas sobre el amor?

- ....
- ....
- ....
- ....
- ....

¿En qué podrías mejorar con relación al amor?

- ....
- ....
- ....
- ....
- ....

PARA NO OLVIDAR:

→ **El amor es el sentimiento más importante de la vida,** ese hilo que nos une a unos y otros.

→ El amor es acción, es dar, es tener en cuenta al otro.

→ **Coincidir no es conectar,** para esto último hace falta respeto, empatizar, mostrar interés, preocupación y saber comunicar.

→ Las críticas, el desprecio y las actitudes defensivas y evasivas son señales de alarma en cualquier relación.

→ El amor infantil parte de la necesidad, mientras que el amor maduro parte de la elección y el deseo de querer compartir la vida con alguien.

→ El amor genuino tiene una gran capacidad de transformación.

fórmulas que funcionan

fórmulas que funcionan
fórmulas que funcionan
fórmulas que funcionan
fórmulas que funcionan
fórmulas que funcionan
fórmulas que funcionan
fórmulas que funcionan
fórmulas que funcionan
fórmulas que funcionan

7

Hacer frente a los días difíciles: **fórmulas que funcionan**

La adversidad forma parte de la vida. A veces son días difíciles, quizá etapas y, en algunos momentos, situaciones muy concretas. La dificultad aparece de vez en cuando, y en ocasiones puede llegar a rompernos por dentro hasta hacernos mil pedazos.

A nadie le gusta pasarlo mal ni tampoco verse sin fuerzas, sin salida o sin saber qué hacer. Lo que ocurre es que afrontar momentos complejos forma parte de nuestra experiencia vital y no podemos hacer nada por evitarlos. De hecho, si nos empeñamos en escapar, al final eso de lo que huimos nos alcanzará con mayor intensidad en un momento u otro.

Afrontar momentos complejos forma parte de nuestra experiencia vital.

La mejor opción —aunque a veces no sea la más agradable— es tratar de enfrentar aquello que nos sucede, pero no es fácil y en ocasiones tampoco queremos o incluso ni siquiera estamos preparados para ello.

Unas veces será una ruptura; otras, la pérdida de un ser querido, una crisis económica, existencial o simplemente el hecho de sentirse inferior al resto. Sea como sea, todos estos sucesos tienen unas raíces comunes: pérdida de control sobre la realidad, inseguridad, crisis de valores, pérdida de significado, sentimiento de vulnerabilidad, indefensión, miedo y un terremoto emocional que nos revuelve por completo. Y si a esto le sumamos que nadie nos ha preparado para enfrentarlo, la complejidad aumenta.

Ante este panorama es normal que nos sintamos confusos y sin fuerzas, como si no pudiéramos con nada. Y no hay que sentirse mal: el malestar forma parte de la vida y, como tal, lo experimentamos de alguna u otra manera. No somos máquinas. A veces es importante darse un tiempo para escucharse y sentirse a uno mismo, para saber realmente cómo nos afecta una situación y qué consecuencias está teniendo en nosotros.

Sin embargo, lo más adecuado es tratar de que estos estados no se alarguen demasiado en el tiempo para evitar quedar atrapados en ellos. Por eso, a continuación queremos facilitar una serie de herramientas para hacer frente a los días malos, esos que de vez en cuando nos quitan el aliento.

No hay árbol que el viento
no haya sacudido.
PROVERBIO HINDÚ

Aprender a decir adiós: cómo poner punto y final

Qué complicado es decir adiós a veces. Cuánto cuesta dejar atrás algo o a alguien con quien fuimos felices. Cómo duele participar en despedidas sin retorno, cerrar esa puerta que sabemos que no vamos a abrir más... Sin embargo, es necesario, hay que hacerlo, aunque nuestra razón en ocasiones luche por ir en contra.

Si lo pensamos, **la vida es una sucesión de pérdidas. A cada paso que avanzamos, perdemos algo,** desde personas, lugares u objetos hasta sueños, metas o la juventud. Esto ocurre incluso con experiencias positivas. Por ejemplo, el nacimiento de un hijo conlleva que los padres pierdan cierta libertad. De igual manera, con el ascenso laboral se puede llegar a experimentar cierta tensión con algunos compañeros de trabajo, además de la pérdida del rol antiguo, lo que puede provocar un cambio en la identidad profesional. Que un hijo se independice y deje la casa vacía también desencadena ciertos reajustes en la vida de sus padres.

Perder es algo natural para el ser humano. De hecho, como afirma el experto en duelo Robert Neimeyer, «la vida nos obliga a renunciar a todas aquellas relaciones que apreciamos», ya sea por cambios de domicilio, separaciones o fallecimientos de otras personas o de nosotros mismos. Cualquier cambio implica una pérdida, lo queramos o no. Y cada una de ellas viene acompañada de su propio dolor y proceso de duelo; afecta a cada persona de una forma particular y su duración e intensidad varían dependiendo de las circunstancias.

Cualquier cambio implica una pérdida, lo queramos o no.

Para explicar qué nos ocurre ante la pérdida a nivel general, Neimeyer utiliza el término «ciclo de duelo». Es el siguiente:

Evitación

Se trata de ese primer momento en el que **la realidad de la pérdida es imposible de asimilar** porque resulta demasiado dolorosa. Aparece la confusión, la distracción, una sensación de irrealidad, de estar aturdidos o conmocionados. Incluso se pueden llevar a cabo comportamientos como si la otra persona siguiera viva porque en el fondo se niega lo sucedido.

A medida que la realidad de la pérdida se hace más presente, **pueden emerger reacciones emocionales más intensas**, entre las que destacan el enfado, la incomprensión, la protesta contra quienes se consideran los responsables de la pérdida y, en ocasiones, el resentimiento hacia personas consideradas como más «afortunadas». También están aquellos que silencian su experiencia emocional y aparentan «estar bien» delante de los demás.

Tanto de una u otra forma, lo que está claro es que dirigir la atención hacia la pérdida de forma constante provoca que, a pesar de ese primer momento de negación, surjan más tarde dolor y angustia. Y **es poco a poco, de forma gradual, como nos vamos acostumbrando** a la pérdida, hasta que esta se convierte en algo real y se comprenden sus implicaciones emocionales.

Asimilación

Esta fase está marcada por la tristeza y la soledad en toda su intensidad y por **aprender a vivir con la ausencia de la otra persona:** ¿cómo voy a seguir viviendo sin alguien a quien tanto quería?

En los casos en que la persona fallecida, antes de morir, ha sufrido mucho, suele mitigarse el dolor y aparecer una sensación de alivio, pero también un sentimiento de «culpa» por haber deseado de forma inconsciente su muerte para acabar con su dolor y el propio agotamiento.

Además, **se produce un distanciamiento con los demás y una disminución de la actividad** para elaborar el duelo y poder adaptarse a la pérdida. Es común soñar con la persona que ya no está o la aparición de imágenes intrusivas sobre ella en nuestra mente. Tampoco es raro experimentar ansiedad, estrés, pérdida de motivación, incapacidad para concentrarse o dificultades con el sueño y el apetito.

Acomodación

Se comienza a producir una aceptación resignada de la realidad a medida que se va intentando dar respuesta a la pregunta: «¿qué va a ser de mi vida ahora?».

La añoranza y la tristeza pueden seguir estando presentes, pero los niveles de concentración y funcionamiento mejoran, ya que poco a poco se recupera el autocontrol emocional. Eso sí, en esta fase el avance no es lineal y hacia delante, sino que se dan dos pasos adelante y uno atrás, es decir, hay ciertos retrocesos asociados al dolor experimentado por la pérdida. No obstante, **también se produce la reconstrucción del mundo social,** al ampliarse el círculo de relaciones que encajen con la nueva vida.

En ocasiones sigue apareciendo la tristeza y un sentimiento de culpa por esa «nueva vida», por lo que será necesario ir haciendo pequeños reajustes a lo largo del tiempo.

Con la intención de ayudar a las personas a asimilar y superar una pérdida, Neimeyer desarrolló una serie de «desafíos» sobre el duelo:

- **Reconocer la realidad de la pérdida.** Se trata de entender el daño que hemos sufrido a raíz de esta: de qué manera nos afecta a nivel emocional, cómo nos limita y nos cambia y cómo influye en nuestra identidad. Además, al sufrirla no solo a nivel individual, sino también familiar, recomienda reconocer y comentar la pérdida con los afectados, prestando atención a los niños, los enfermos y las personas mayores.
- **Abrirse al dolor.** Este segundo desafío consiste en tratar de **no evitar los sentimientos más estresantes relacionados con la pérdida,** si no es muy probable que el duelo se retrase o se perpetúe. Hay que poner en orden la esfera emocional y aceptar las emociones que experimentamos. No obstante, es muy importante no centrarse únicamente en esto, sino alternarlo con la reflexión sobre la persona que no está, la revisión de los recuerdos sobre ella y la reorientación hacia las tareas

del hogar y laborales más prácticas. De alguna forma, el duelo es un transitar entre el sentir y el hacer y, por ello, hay que tratar de que la relación entre ambas dimensiones sea equilibrada.

- **Revisar nuestro mundo de significados.** La pérdida puede afectar tanto a nuestras creencias como a nuestros significados o la forma de concebir el mundo. Este tercer desafío consiste en integrar la pérdida en nuestro sistema de creencias para darle un significado personal y más o menos coherente, lo que conllevará que nos transforme.
- **Reconstruir la relación con lo que se ha perdido.** El cuarto desafío consiste en reelaborar el vínculo. En el caso de una persona fallecida, se trataría de abrazar los recuerdos y convertir una relación basada en la presencia física en una conexión simbólica, mientras que en el caso de una ruptura o divorcio, la transformación sería cambiar de una relación de pareja a otro tipo.
- **Reinventarnos a nosotros mismos.** Una parte de nosotros muere ante la pérdida de un ser querido, por lo que no volveremos a ser ese antiguo «yo», pero sí podemos construir una nueva identidad que encaje con el nuevo rol y que dé cierta continuidad a la anterior.

Abraza tu dolor, porque allí
crecerá tu alma.
CARL JUNG

Como vemos, **el duelo es un proceso natural que tiene su tiempo** y que conlleva una transformación de personas y roles. De alguna forma, ayuda a limpiar el recuerdo de lo perdido y tiene a su vez una función de reconocimiento y homenaje, así como la llave que permite abrir la puerta para la elaboración de la historia. Se trata de un acto íntimo de reconocimiento hacia quien se ha marchado, una despedida con amor.

Lo recomendable es abrazar poco a poco los cambios, esos matices nuevos en nuestras vidas, mientras integramos lo sucedido a nivel emocional y buscamos nuevos sentidos a la vida.

Ejercicio: La carta de despedida

Coge papel y boli, elige un lugar tranquilo y cómodo para ti y escribe una carta a esa persona que se fue y ya no está a tu lado o a esa situación o cosa de la que te has tenido que desprender. Puedes escribir todo aquello que necesites. Si te cuesta empezar, a lo mejor te ayudan las siguientes ideas:

- Cuenta cómo lo echas de menos.
- Agradece los momentos juntos y lo que te ha enseñado o has aprendido.
- Dile aquello que más te gustaba de él o ella, pero también lo que te molestaba.
- Escribe qué te hace recordarlo: una canción, una frase, una película...
- Pide perdón si lo necesitas y cierra todo aquello que teníais pendiente.
- Recuérdale cuánto le quieres y aprecias y, por supuesto, dile que aunque la situación haya cambiado, lo seguirás haciendo.

Al acabar, léela con calma y, cuando estés preparado, quémala. ¿Cómo te sientes?

No eres menos que nadie: cómo lidiar con el sentimiento de inferioridad

Todos nos hemos sentido inferiores en algún momento de nuestras vidas. Esa sensación de no ser suficiente, no tener nada que aportar e incluso pensar que no tenemos posibilidades de nada porque no somos válidos.

Se trata de **un sentimiento muy profundo de desvalorización** de uno mismo que nos nubla la visión que tenemos del mundo, de los demás y de nosotros, pues todo pasa por su filtro, aunque no nos demos cuenta.

Según el médico y psicoterapeuta austríaco Alfred Adler, sentirse inferior es una condición inherente al ser humano y que condiciona la conducta. Por lo tanto, está con nosotros desde que nacemos. Lo que ocurre es que en algunas personas se desarrolla más que en otras, dependiendo de la formación de su autoestima.

Sentirse inferior es una condición inherente al ser humano y que condiciona la conducta.

Así pues, **quien experimenta un fuerte sentimiento de inferioridad destaca por su baja autoestima**, una escasa valoración de sí mismo y por la tendencia a compararse con los demás de forma constante. De hecho, este mecanismo de comparación es el que refuerza cada vez más la imagen de que somos peores que los demás, pues su objetivo es identificar la diferencia, el aspecto en el que el otro nos «supera» y, poco a poco, afinar nuestra vista hasta llegar al punto de solo observar deficiencias y carencias.

Ahora bien, ¿por qué nos comparamos? Según la teoría de la comparación social del psicólogo Leon Festinger, solemos hacerlo cuando nos quedamos sin pistas obvias sobre nuestra eficacia, valía o características. De esta forma, ponemos la atención en las personas que nos rodean, con la intención de obtener una referencia sobre nosotros mismos para valorarnos. El problema ocurre cuando es a lo único que recurrimos.

Por ello, esta forma de actuar nos lleva a una espiral infinita que perpetúa la sensación de sentirse inferior. Primero porque **al sentirnos así buscamos indicadores que lo demuestren**; segundo porque, al final, acabamos comportándonos como si lo fuéramos, pues si creo que no tengo posibilidades o que no soy válido, ni siquiera me molestaré en intentarlo.

La pregunta sería: **¿cuánto de lo que nos contamos es verdad?** Recordemos que en buena parte somos las historias que nos contamos, ya que tendemos a fusionarnos con nuestras creencias y sentir que todo lo que pensamos es real. Por lo tanto, muy poco o casi nada de aquello que nos decimos es cierto, y mucho menos si tenemos en cuenta que el hecho de compararse es ya de por sí erróneo, porque al hacerlo ignoramos las condiciones que nos rodean a cada uno de nosotros y que forman parte de nuestra historia.

Hay quien se compara con su hermano, con su primo, con su amigo, con su compañero de trabajo, con su pareja, con su jefe...

Las comparaciones pueden ser infinitas si así lo queremos, pero siempre erramos al realizarlas, pues **la biografía de cada persona es diferente**, su historia es muy distinta, al igual que sus características biológicas, personales y psicológicas. Por tanto: ¿qué estamos comparando exactamente?

Nadie es como otro. Ni mejor ni peor, es otro; y las comparaciones son odiosas.
JEAN PAUL-SARTRE

¿Qué criterios sigues para compararte? ¿El estatus?, ¿el dinero?, ¿la belleza?, ¿ciertas habilidades?, ¿la suerte? Estaría bien que reflexionaras sobre ello. De esta forma descubrirás a qué valores o aspectos estás dando protagonismo en tu vida. Y, una vez identificados, no estaría mal que te preguntaras si proceden de ti o de otras personas y cuáles son realmente los que quieres mantener. Eso sí, hazlo despacio, sin prisas. No son preguntas banales, ya que en buena medida esos valores darán sentido a tu día a día. Y no olvides que las comparaciones son un veneno para la autoestima.

Las comparaciones son un veneno para la autoestima.

A veces es mejor tener paz que tener razón

Otra de las situaciones que nos arrebatan la calma y, por lo tanto, la posibilidad de ser felices, es la tendencia a querer llevar la razón, ya sea en una conversación tranquila como en una discusión. ¿A quién no le ha pasado alguna vez? ¿O quién no se ha encontrado con alguien así?

Querer tener la razón y demostrar que estamos en lo cierto es algo que a todos nos satisface, para qué engañarnos. Se trata de un refuerzo para nuestra autoestima. **El problema surge cuando cruzamos ciertos límites** con tal de subirnos a la cima y colocarnos la corona dorada de ser poseedores de la verdad, cuando nos da igual el otro, y una conversación se acaba transformando en un campo de batalla frente a nuestro enemigo y no barajamos la opción de retirada. De hecho, puede llegar un punto en el que gritemos descontrolados y la contradicción sea la principal protagonista de nuestro discurso, acompañada de una gran sordera por lo que dice el otro.

La obsesión por tener la razón está bastante arraigada en muchos de nosotros. Según los estudios sociológicos, en la actualidad incluso nuestras opiniones se están radicalizando. Ya no basta con tener una opinión sobre algo, sino que ahora hay que defenderla por encima de todo; nos cuesta ceder, no dejamos espacio a la duda y mucho menos a la visión opuesta a la nuestra.

Existe una rigidez cognitiva impresionante, algo preocupante para las relaciones sociales y muy ligada al aumento del orgullo y la soberbia. Somos yo, yo y más yo. Y en este egocentrismo, olvidamos los efectos secundarios de este tipo de actitudes y comportamientos, como son la ruptura de relaciones y el aislamiento social consecuente.

Recortas y moldeas tu cabello y siempre
te olvidas de recortar tu ego.
ALBERT EINSTEIN

Es cierto que el orgullo tiene una parte protectora, esa que nos protege de ciertas amenazas sociales como son la humillación o la manipulación, porque es una muestra de amor y respeto a nosotros mismos. Sin embargo, llevado al extremo puede ser muy destructivo porque invisibiliza al otro y nos encierra en nosotros mismos, limitándonos.

Otro aspecto que nos esclaviza a querer llevar la razón es la idea de que nuestras creencias son nuestras posesiones y forman parte de nuestro ser. Por lo tanto, si las cuestionan nos ponen a nosotros en duda. Y eso ciertamente nos cuesta mucho tolerarlo, de modo que nos aferramos a ellas y al pensamiento de «mi verdad es la única verdad que cuenta» porque creemos que el otro, de alguna forma, quiere convertirnos.

¿Tanto nos cuesta intercambiar opiniones o conversar sin llegar a estar de acuerdo, pero respetándonos? Es una pregunta para reflexionar.

A menudo hay quien no gestiona bien el desacuerdo; es algo que duele como una herida. La pregunta es: **¿para qué necesitamos que los demás estén de acuerdo con nosotros?** Quizá de ello dependa la valoración que tienes de ti mismo. Piénsalo.

Intercambiar opiniones es un ejercicio muy enriquecedor que favorece el conocimiento y el aprendizaje, pero que no siempre lo aprovechamos, especialmente cuando un diálogo se vuelve una auténtica lucha. Ahí no hay posibilidad de aprendizaje que valga.

¿Qué es más importante: tu paz, tu calma o tu victoria?, ¿para qué quieres ganar en una conversación?, ¿qué alimenta esa tendencia?, ¿qué intención tienes cuando comienzas un debate?, ¿y la otra persona? Por favor, no pases deprisa por las preguntas anteriores, tus respuestas pueden ser muy valiosas para ti.

Imponer siempre será peor que escuchar, cierra muchas más puertas y destruye muchas relaciones. Además, es imposible tener bajo tu poder la verdad de todo. Se trata de ser más humilde y abrirse más a los demás, en lugar de cerrarse en uno mismo. Y si no se puede, quizá sea una buena estrategia elegir de qué manera y con quién discrepar, y no olvidar que quien quiere llevar siempre la razón carga con un buen saco de sufrimiento.

Sé selectivo en tus batallas; a veces es mejor tener paz que tener razón.
ANÓNIMO

No puedes controlarlo todo, y no pasa nada

Vivimos en un escenario cambiante, dinámico, inestable y lleno de desafíos. Todo ocurre a un ritmo mayor que nuestra capacidad para digerirlo. Por eso no es raro que una de nuestras tendencias sea querer controlarlo todo, contar con todos los detalles y asegurarnos lo máximo posible de lo que puede suceder. **En el trasfondo se encuentra un deseo de estabilidad**, de pisar suelo firme y sentir que tenemos las riendas de nuestra vida.

Estamos muy acomodados en eso de dar las cosas por sentadas porque **en cierto modo nos da seguridad**, aunque esta únicamente sea ficticia. De hecho, constantemente se promueve la idea de que es posible mantenerlo todo bajo control, al igual que hay que buscar soluciones rápidas y puntuales para todo. De este modo, vivimos dejando poco espacio a la incertidumbre y al caos, factores que de vez en cuando alteran cualquier ámbito de nuestra vida.

La pregunta es: ¿controlar el qué? Suele pasar que, detrás de esta necesidad, se esconde un gran miedo a que ocurran ciertas consecuencias, pero esto son tan solo predicciones, cuentos que nos contamos a nosotros mismos impulsados por la inseguridad y el temor.

Si hay algo cierto en esta vida es que no tenemos certeza de nada —o, como mucho, de muy poco— y que el cambio es la única constante. Sin embargo, vivimos ignorando esta realidad porque en el fondo nos angustia, nos irrita y nos inquieta. Somos más de planificar de aquí a unos años y agarrarnos fuertemente a esas expectativas que, al no ser cumplidas, nos generan una gran frustración.

En el fondo, **no tenemos tolerancia a la incertidumbre** porque necesitamos experimentar un fenómeno conocido como «cierre cognitivo», es decir, una certeza, una respuesta firme que nos despeje la ambigüedad y dé paso a una sensación de tranquilidad. Lo que ocurre es que en este proceso podemos equivocarnos, y mucho.

Cuanto más enemigos seamos de la incertidumbre, más probabilidades habrá de cometer errores a la hora de buscar una información que nos permita echar ese cierre que tanto ansiamos. Por otra parte, cuando esto no se da, nos llenamos de estrés, angustia, ansiedad y, en algunos casos, de irritabilidad, porque no tenemos el control.

Cuanto más enemigos seamos de la incertidumbre, más probabilidades habrá de cometer errores.

No nos damos cuenta de que **controlarlo todo es una fantasía**, una ficción, una historia que nos contamos. Somos enemigos de la paciencia, del saber esperar y de la ambigüedad, y por ello dejamos de lado el universo de las posibilidades. Es mucho más fácil vivir pensando que algo pasará de determinada manera —aunque nos equivoquemos—, que permanecer abiertos a la probabilidad de que puedan ocurrir otras cosas. Lo peor de todo es que sufrimos cuando llevamos a cabo este tipo de dinámicas que nos aferran a determinadas creencias.

Consideramos la incertidumbre como el peor
de todos los males hasta que la realidad
nos demuestra lo contrario.
JEAN-BAPTISTE ALPHONSE KARR

Más tarde o más temprano, **tendremos que aprender a vivir sin respuestas**; al fin y al cabo, el futuro tiene que ver con aquello que no ha sucedido y, por tanto, está cargado de incertidumbre, de esa duda general que nos impide estar seguros de algo. No todo es causa-efecto. De hecho, lo absoluto en la vida es casi inexistente.

Lo recomendable es trabajar la tolerancia a la incertidumbre, a ese dejarse llevar —con responsabilidad— y desprendernos de la necesidad de seguridad. Para ello, es conveniente analizar cómo reaccionamos ante la ambigüedad, ante esas situaciones que no conocemos. Y después contar con la posibilidad de que aquello que nos preocupa puede ocurrir de muchas maneras posibles que no tengan que ver con nuestras expectativas. Es decir, se trata de hacer predicciones, ya que de esta manera se reduce la incertidumbre, por lo que estaremos más preparados para afrontar lo desconocido.

PARA NO OLVIDAR:

→ **El duelo es un proceso natural** ante cualquier pérdida, tiene sus tiempos y nos ayuda a decir adiós.

→ El sentimiento de inferioridad se nutre de un proceso de evaluación constante con los demás basado en criterios erróneos, pues cada uno de nosotros tiene una biografía personal que invalida cualquier tipo de comparación. Por lo tanto, no eres mejor ni peor que nadie, eres una edición limitada.

→ **Elige bien las batallas en las que deseas participar**; el deseo constante de llevar la razón te limita.

→ El cambio es la única constante, por lo que la incertidumbre también. Lo desconocido te acompañará toda tu vida. ¿O de verdad tienes la total certeza de lo que ocurrirá mañana?

flexibilidad, calma, compasión y paz

flexibilidad, calma, compasión y paz

flexibilidad, calma, compasión y paz

flexibilidad, calma, compasión y paz

flexibilidad, calma, compasión y paz

flexibilidad, calma, compasión y paz

flexibilidad, calma, compasión y paz

flexibilidad, calma, compasión y paz

flexibilidad, calma, compasión y paz

flexibilidad, calma, compasión y paz

8

Vivir con sentido: **flexibilidad, calma, compasión y paz**

No es posible ser feliz si nuestra vida no está dotada de sentido. Si no hay un significado, lo que nos queda es una sensación de vacío que nos lleva a intentar llenarla de muchas formas posibles (comida, sexo, drogas; en definitiva, conductas autodestructivas que tienen el placer como fin en sí), todas perjudiciales para nosotros mismos.

Muchos filósofos y psicólogos se han preocupado por este tema y han tratado de ofrecer respuestas y conclusiones. Por ejemplo, según el psiquiatra suizo Carl Jung, el hombre necesita encontrar un significado para poder continuar su camino en el mundo, mientras que el psiquiatra suizo Viktor Frankl afirma que **el sentido de la vida está en hallar un propósito**, en asumir una responsabilidad para el propio ser humano.

O sea, se trata de encontrar un «porqué», pues solo cuando lo tenemos es posible hacer frente a todos los «cómos». La cuestión es que no todos los «porqués» están conectados con la sensación de plenitud y paz mental, algunos nos esclavizan, otros nos llenan de culpa e incluso algunos nos dejan completamente vacíos y perdidos, y hay muchos que nos hacen sufrir.

Ahora bien, se trata de un trabajo personal en el que **cada uno tiene que hacer su propio descubrimiento.**

Así pues, **el sentido de la vida está relacionado con el destino que el hombre desea y necesita.** Pues a través de ese desear pretende ofrecer la libertad a su propio desarrollo, ya que cuando vive plenamente es cuando su libertad trasciende los límites de su inmanencia y comprende que el sentido de su vida no se reduce a algo material y finito, sino que va más allá.

Se trata de una cuestión muy importante que en buena medida está ligada con nuestra dimensión espiritual, al menos así lo afirma Frankl. También hace hincapié en que el camino hacia el sentido de la vida está mediado por los valores y por la conexión con el otro, es decir, por los vínculos afectivos, siempre y cuando no se ponga toda la responsabilidad de ser feliz en los demás, pues la felicidad consiste en algo más...

Como vemos, no hay pregunta más compleja que «cuál es el sentido de la vida». Y lo curioso es que **su respuesta es algo que debemos encontrar cada uno de nosotros.** O quizá tú ya la tengas.

Ahora bien, sí que existen ciertos aspectos que pueden ayudarnos en eso de vivir con sentido. Se trata de actitudes y comportamientos que favorecen el crecimiento personal y que nos guían hacia el hecho de sentirnos mejor, pero que no nos otorgan la felicidad por sí mismos. Pues, como sabes, esta depende de muchos factores, además de ser un estado que experimentamos de forma puntual y en el que no nos podemos quedar instalados eternamente.

Una mente flexible: la importancia de los matices

Es fácil aferrarse a ciertos valores y creencias con la intención de evitar el sufrimiento, pero cuando estos son rígidos, nos lastran, nos impiden disfrutar de la vida y a menudo nos llevan a conflictos.

Algunos de ellos son la colección de «deberías» y «tengo que» impregnados en nuestra mente, otros son puntos de vista que no admiten otras opiniones o formas únicas de solucionar los problemas, como si no hubiera más alternativas. Son **una serie de condicionantes a los que atamos el concepto de felicidad** pero que, en lugar de acercarnos, provocan todo lo contrario. Es la trampa de la rigidez cognitiva. Su procedencia tiene que ver con nuestras experiencias personales, con todo aquello que hemos vivido y que nos ha ido moldeando y regulando a lo largo de nuestra vida, y que por alguna razón hemos considerado inamovible. Por esto, poco a poco, nos hemos convertido en sus prisioneros.

La rigidez cognitiva es muy poderosa porque nos sitúa en un escenario mental muy particular, en el que todas las puertas y ventanas están cerradas. Se trata de un conjunto de creencias que nos impide abrirnos a la novedad, al cambio y a otras perspectivas. Una especie de reduccionismo mental en el que solo hay unas reglas fijas, esas que hemos establecido a lo largo de nuestra vida y que no dan cabida a ninguna más. Como consecuencia, sufrimos, nuestras relaciones pierden calidad y nos encerramos en nosotros mismos. Todo por ser unos «cerrados de mente» y no hacer ningún intento por salir de la zona de confort, aunque esta suponga un malestar continuo al que ya nos hemos acostumbrado.

Vivir así cuesta, pues es muy limitante. Sin embargo, es posible romper poco a poco los barrotes invisibles de esta prisión psicológica. **La clave se encuentra en la flexibilidad mental.**

Ser flexibles es abrirse a un universo de oportunidades, dar la oportunidad al cambio y al aprendizaje.

La flexibilidad psicológica o mental es un conjunto de habilidades que favorece la adaptación a los cambios porque permite a la persona no limitarse a una única opción, sino explorar varios caminos, descartando algunos y valorando otros, mientras hace uso de la creatividad y la resistencia.

Quien es flexible mentalmente siempre está dispuesto a escuchar a los demás, conocer sus puntos de vista y pensar formas alternativas de solucionar las cosas. No se encierra en unas determinadas creencias, sino que es capaz de cuestionar y elegir aquellas que cree más eficientes para cada momento, por lo que escapa de las dicotomías y los extremismos. Es más de tener en cuenta los matices y los puntos medios.

Así pues, este tipo de personalidades **desarrollan una mayor tolerancia hacia aquello que desconocen** o con lo que no están de acuerdo, comprenden los errores como una oportunidad de aprendizaje y no como un motivo de frustración, y utilizan la empatía para llegar a acuerdos fructíferos con los demás.

Además, se enfocan más en las soluciones que en el peso de los problemas y tienen una visión mucho más estratégica y nutritiva a la hora de enfrentarse a las dificultades.

La buena noticia es que se puede aprender a ser flexible, a ampliar nuestra visión y moldear nuestras creencias. Las siguientes claves te ayudarán a conseguirlo.

- **Cultivar una actitud de apertura.** No te cierres a otras opiniones y puntos de vista, trata de conocerlos e interésate por ellos. Abandona la tendencia de pensar en términos absolutos: todo/nada o bueno/malo. Enfócate en descubrir los matices que hay entre ambos polos.
- **Vivir el momento presente.** Trata de entrenar tu mente en el presente para que deje de viajar hacia atrás o hacia delante. Esto te liberará de culpas y preocupaciones y permitirá que valores y tomes decisiones desde un enfoque mucho menos contaminado.
- **Desarrollar la empatía.** La flexibilidad cognitiva no sería posible sin tener en cuenta al otro. De ahí que sea fundamental valorar la perspectiva de la otra persona en cada situación para evitar cerrarte y querer llevar la razón.
- **Trabaja tu creatividad.** Esto siempre es un impulso hacia la novedad y lo desconocido, hacia experimentar otras formas de hacer las cosas y de solucionar los problemas. Se trata más bien de centrarse en cómo hacerlo, teniendo en cuenta la variedad de opciones a elegir.
- **Conectar con uno mismo.** Es imposible ser flexible si hemos perdido el contacto con nuestras raíces. Por ello, indaga en tus valores, en cómo te sientes y qué quieres.

Además, trata de evitar ese «no» automático que te sale al hacer frente a un cambio, a una opinión diferente o a una propuesta, a esa tendencia tan enraizada de hacer las cosas a tu manera o como te han enseñado. Reflexiona, analiza, valora, pero no descartes algo solo porque no encaja con tus esquemas.

Se puede aprender a ser flexible, a ampliar nuestra visión y moldear nuestras creencias.

Saber que uno es prisionero de su mente,
que vive en un mundo imaginario de su propia
creación, es el amanecer de la sabiduría.
NISARGADATTA MAHARAJ

La metáfora del roble y la espiga

En una tarde lluviosa, el viento soplaba con fuerza.

En aquel lugar se encontraban un roble y una espiga. Cada uno respondió ante el temporal de forma diferente: el roble se hacía cada vez más rígido, mientras que la espiga aprovechaba la dirección del viento para adaptarse a las inclemencias climáticas.

Tras varios años de fuertes tormentas y condiciones adversas, el roble se transformó en un ser más duro, pero también más arrogante. Sin embargo, la espiga comprendió que no podía controlar lo que ocurría, aceptó la situación y optó por una postura más flexible.

Así, el roble iba en contra del viento, pues renegaba de él y se decía a sí mismo lo que sus padres le habían enseñado: «Eres roble y aristócrata», «jamás debes mostrarte débil ante el enemigo», «si no piensas en el miedo, no lo sentirás», «el viento jamás debe darse cuenta de tus temores».

Sin embargo, la actitud de la espiga fue mucho más humilde. Sabía que el viento era poderoso y pidió opinión a otras espigas para saber cómo actuar. No ocultaba sus temores.

El roble miraba a la espiga con desprecio, pues no la entendía, pero esta lo observaba con admiración.

Una noche, la tormenta no paraba, mientras el viento soplaba como nunca antes había hecho. Tanto uno como el otro actuaron como solían hacer: el roble con rigidez y la espiga con flexibilidad, hasta llegar a poner al límite sus recursos. Pero hubo un momento en el que las rachas del viento eran demasiado fuertes. El roble no pudo más y, mientras gritaba de dolor, su tronco se partió en dos. La espiga cedió hasta quedarse pegada al suelo, gracias a su flexibilidad.

A la mañana siguiente, con la salida del sol, el roble fue testigo de cómo la espiga recuperaba poco a poco su forma. Con el paso de los días, surgieron nuevos brotes del suelo. Solo el tiempo dirá si son robles o espigas.

Más autocompasión y menos lástima

Necesitamos más compasión. Sin embargo, la mayoría de nosotros estamos más familiarizados con sentir lástima o pena, especialmente por nosotros mismos. Esto nos lleva automáticamente a convertirnos en víctimas de las circunstancias o de los demás y a asumir una actitud pasiva, en muchas ocasiones de forma inconsciente. De este modo, nos impedimos cualquier posibilidad de crecimiento y nos definimos y justificamos según aquello que vivimos y que tanto daño nos hizo.

Es cierto que no tenemos la capacidad de elegir lo que nos va a tocar en la vida, pero sí podemos tomar algunas decisiones y escoger la manera en la que queremos afrontar nuestros problemas. Al principio quizá necesitemos un tiempo para procesar lo sucedido y elaborarlo a nivel emocional, pero luego sí tenemos margen para escoger la actitud que queremos adoptar.

El problema aparece cuando ante una adversidad y dificultad nos llenamos de quejas, críticas y juicios, culpamos a los demás o al mundo y sentimos lástima por nosotros mismos, mientras hacemos poco o nada para salir del pozo negro en el que estamos hundidos. Y nos anclamos en el victimismo. Así, lo único que hacemos es evadir cualquier responsabilidad personal frente al sufrimiento y quedarnos estancados.

Sin embargo, es posible salir de las garras del victimismo y adoptar una actitud mucho más activa y responsable gracias a la autocompasión, a esa capacidad de ser menos críticos y más indulgentes con nosotros mismos.

La mayoría de nosotros no estamos muy acostumbrados a tratarnos bien, somos más de reproches, exigencias y críticas, pero lo cierto es que en nada nos beneficia mantener ese diálogo interno con nosotros mismos. Porque si así fuera, ¿no nos sentiríamos más felices? Y justamente parece que ocurre todo lo contrario.

No podemos decir lo mismo sobre la autocompasión. Porque cuando somos amables con nosotros mismos —sin criticarnos ni juzgarnos por los errores cometidos, sin preocuparnos en exceso por el éxito o el fracaso— y nos aceptamos tal y como somos, el mundo adquiere un color diferente. **Nos sentimos mejor porque nos cuidamos y admitimos nuestra fragilidad.**

Ahora bien, ¿en qué consiste exactamente la autocompasión?

Según Kristin Neff, la investigadora más destacada en este tema, la autocompasión está formada por tres componentes principales que interactúan entre sí:

- **La autoamabilidad (como alternativa a la autocrítica).** Se trata de considerarse a uno mismo de forma positiva, benévola y comprensiva, sin juzgarse ni criticarse con dureza. También implica tener en cuenta que uno no siempre puede ser u obtener lo que quiere, y que, si esto lo negamos o nos resistimos a aceptarlo, aumentará el sufrimiento, ya que el fracaso y las dificultades en la vida son inevitables.
- **La humanidad compartida (como alternativa al sentimiento de aislamiento).** Consiste en reconocer que la imperfección forma parte del ser humano y es algo que todos experimentamos, lo que permite no sentirse raro o diferente a los demás cuando se afrontan los propios errores y limitaciones. En buena medida, se trata de reconocer nuestra interdependencia.
- **La atención plena (como alternativa a la sobreidentificación con los pensamientos y sentimientos propios).** Nada más y nada menos que experimentar

el presente sin dejarse llevar por aquello que sentimos y pensamos. Se trata de un estado mental receptivo que permite observar los pensamientos y sentimientos tal y como son, con apertura y claridad.

Tener compasión por uno mismo es apreciarnos de manera auténtica, comprender cuánto valemos y cuánto necesitamos. Además, según un estudio de la Universidad de Duke, está relacionada con una buena inteligencia emocional y una satisfacción vital más plena. Por otro lado, también nos protege de la preocupación excesiva y la dependencia de los demás. En definitiva, la autocompasión incrementa nuestro bienestar.

¿Cómo practicar la autocompasión?

- **Piensa en cómo le hablarías a un amigo**

Cuando sufrimos, solemos criticarnos y tratarnos mal. ¿Es así como hablarías o tratarías a tu mejor amigo? Piénsalo.

La respuesta suele ser no. Por lo tanto, ¿por qué lo haces contigo mismo?

Para cambiar esto, tienes que desafiarte a ti mismo. Cada vez que experimentes estrés, malestar o afrontes una experiencia desagradable, observa qué piensas y qué sientes. Pregúntate si estás respondiendo de la misma forma que harías con tus amigos. Si la respuesta es no, imagina por un momento a esa persona, visualízala en tu mente e imagina qué le dirías y cómo te dirigirías a ella. Utiliza esas palabras contigo mismo.

- **Transformar la negatividad**

Si te encuentras atrapado por emociones negativas, intenta generar algunas positivas para acompañarlas. Para ello, puedes utilizar las siguientes frases que te ayudarán a validar esas emociones, a la vez que te centras en tu deseo de ser feliz:

- Me resulta muy difícil sentir .... ahora mismo.
- Sentir .... forma parte de la experiencia humana común.
- ¿Qué puedo hacer para sentirme feliz en este momento?

Por último, puedes darte un baño caliente o reflexionar sobre lo bueno que hay en tu situación actual.

- **Encontrar el lado bueno**

Piensa en uno o dos de los problemas más difíciles a los que te hayas tenido que enfrentar en la vida y hazte las siguientes preguntas:

¿Crees que surgió algo bueno de aquellas experiencias? ¿Creciste como persona, aprendiste algo importante o encontraste más sentido a tu vida? Si es así, ¿te gustaría retroceder y cambiar lo ocurrido, aunque eso implicase que no fueras la persona que eres ahora?

Luego piensa en algún reto presente y responde:

¿Es posible ver tu problema desde otra perspectiva? ¿Puede surgir algo positivo de tus circunstancias actuales?

Si te cuesta ver algo positivo en lo que te está ocurriendo, es muy probable que necesites más compasión hacia ti mismo. Prueba a utilizar los tres componentes de la autocompasión (autoamabilidad, humanidad compartida y atención plena) para afrontar tus miedos y tus sentimientos de angustia. Háblate con cariño y date apoyo como lo harías con un amigo. Además, piensa en cómo te conecta esa situación que estás viviendo con otras personas con problemas similares: no estás solo. Haz varias respiraciones profundas y acepta lo que está ocurriendo, aunque no te guste.

Por último, empieza de nuevo:

¿Qué está intentando enseñarme la vida en este momento? ¿Se trata de una oportunidad para abrir mi corazón y mi mente? ¿Hay alguna manera de transformar lo que me está sucediendo en una bendición?

- **Escribe un diario de gratitud**

Según las investigaciones, escribir un diario de gratitud es una de las mejores formas y más fiables de incrementar la felicidad.

Para realizar este ejercicio, coge un cuaderno que te guste y reserva un momento cada día para escribir los buenos momentos, las sorpresas agradables, los dones y las bondades que te suceden, sin olvidar todo aquello que te proporcione alegría de forma más general.

Sé original, intenta encontrar siempre cosas buenas por las que sentirte agradecido. Y también trata de ser lo más concreto posible sobre lo que provoca tu gratitud. Por ejemplo: en lugar de decir «me siento agradecido por tener a mi pareja», podrías decir «me siento agradecido por la forma en que mi pareja me ayuda cada día y está pendiente de mí mientras estoy escribiendo este libro, porque me hace sentir querido».

Cómo ser mejor persona

Si hay algo que todos queremos es llegar a ser buenas personas. De hecho, según Aristóteles, todos tenemos la capacidad de ser buenos y virtuosos. El detalle es que, para mejorar, lo ideal es que convirtamos este deseo en una aspiración cotidiana, porque en realidad esta tarea nunca se dará por finalizada. El motivo es que cada día es un nuevo reto, una nueva oportunidad para ser mejores que ayer, pero con la posibilidad de errar y fracasar en nuestro cometido, pues somos criaturas imperfectas y falibles.

Teniendo en cuenta lo anterior, estos son los aspectos más importantes que debes tener en cuenta para ser mejor persona:

1. Sé agradecido

Dar las gracias es apreciar la sencillez y la complejidad de la vida, un acto de bondad, reconocimiento y generosidad.

Trata de tomarte el tiempo necesario para apreciar de manera consciente todo lo que tienes, así como todo lo que te rodea y las personas que forman parte de tu vida.

Reconoce el valor de las cosas, de los demás y de ti mismo, y, por supuesto, da las gracias cada vez que sea necesario. Valora el tiempo de los demás, cada detalle que la vida te ofrece, y siéntelo como un regalo.

La gratitud es la memoria del corazón.
LAO-TSÉ

2. Practica la prudencia

Ser prudente es el arte de no precipitarse, de reflexionar y saber esperar antes de tomar una decisión, además de respetar a los demás.

Aleja esa tendencia de resolverlo todo ya de forma instantánea y casi automática; ten paciencia, mastica lo que sucede. Eso sí, no te quedes anclado en la prudencia eternamente.

Y si alguien ha confiado en ti y te ha contado algo, guárdalo en tu corazón, no hagas difusión. No te corresponde.

3. Ayuda a los demás

Todos necesitamos velar por el bien de otras personas, compartir; tender tu mano cada vez que sea necesario incluso aunque no haya pasado nada es clave para tu crecimiento personal. De hecho, reforzará tus vínculos y te hará sentir mucho mejor.

Ten en cuenta que la satisfacción que sientes al dar y al ayudar no te la podrá dar nada más. Por lo tanto, ¿a qué esperas?

4. Cultiva la empatía

Es imposible mejorar sin tener en cuenta la necesidad de empatizar con el otro. Por eso, **cada vez que te encuentres con alguien trata de ponerte en su lugar.**

Es **un buen entrenamiento para salir de uno mismo en los momentos difíciles** y ver la otra parte de lo que ha sucedido, para indagar en los sentimientos y el dolor que puede estar experimentando la otra persona.

Además, te ayudará a salir de tu egoísmo y ser mucho más flexible a nivel psicológico; por lo tanto, cada vez que puedas empatiza con los demás. Ten en cuenta su historia. Te aseguro que tus relaciones cambiarán, pues cuando incluyes la empatía en la ecuación todo se ve de forma diferente.

5. Sé honesto

La honestidad nos dignifica como personas, además de favorecer la paz mental y una sensación de equilibrio.

Ser sinceros y coherentes es clave para mejorar, para expresarnos y mostrarnos tal y como somos. Algo que no siempre hacemos, ya sea por nuestros miedos, por conveniencia o supervivencia social, por no contradecir a los demás y, en definitiva, por las heridas de nuestra historia.

Sin embargo, ser honestos **tiene una doble recompensa: la autenticidad y la confianza.** Por lo tanto, da el paso y pon en práctica este valor en tus relaciones. Porque al actuar con sinceridad, transparencia y respeto, ayudamos al otro y nos permitimos crecer como persona.

6. Pide perdón y perdona

Siempre será mucho mejor pedir perdón y perdonar que alimentarnos con el orgullo y el rencor.

Es cierto, a veces no es fácil perdonar ni pedir perdón, pero su valor es incalculable. De hecho, estaría bien que reflexionaras sobre aquello que te impide perdonar: ¿qué hay en el trasfondo?, ¿de qué te proteges? Y también sobre lo que obstaculiza tu capacidad para pedir perdón: ¿qué te atrapa y no te deja dar el paso?

A menudo son el orgullo y el rencor los que hacen de las suyas, bloqueándote y diciéndote que, si das el paso, has perdido la batalla. Un argumento muy flojo, pero que todos creemos a pie juntillas cuando nos han hecho daño.

La cuestión es que las relaciones con los demás no son una batalla ni un signo de debilidad. La fantasía de ganar o perder se alimenta de nuestro ego. Y si no salimos de ahí nos arriesgamos a perder a personas muy importantes en nuestra vida y a destruir nuestras relaciones. La mayoría de las veces, porque vemos las cosas de forma distinta.

Además, el perdón nos libera porque tiene un efecto terapéutico, siempre y cuando sea una elección sincera.

7. No te cierres al cambio

Lo dijimos anteriormente. Una actitud flexible nos ofrece la posibilidad de ampliar nuestra perspectiva y hacer las cosas de otra manera, ser más creativos y originales y conocer otras concepciones sobre el mundo y la vida en general.

El cambio es permanente y, de hecho, nosotros estamos en constante cambio, al igual que nuestras relaciones y la sociedad.

Acéptalo. Sal de esa rigidez mental, que lo único que hace es limitarte, y dale una oportunidad a lo diferente —siempre con prudencia, por supuesto—; no te cierres solo porque no estás acostumbrado a ello.

8. Invierte tiempo en ti

No es posible ser mejor si no sacamos tiempo para nosotros mismos, para concedernos ese espacio necesario para reflexionar sobre aquello que queremos en nuestra vida, comprobar cómo vamos y gestionar nuestras emociones.

Si quieres ser mejor persona, tendrás que tomarte un respiro de vez en cuando para analizar si lo estás haciendo bien, si los cambios que querías introducir en tu vida se están dando, y cómo te sientes al respecto.

Además, también es necesario que hagas lo que te gusta, que disfrutes con alguna actividad o afición que te permita sentirte mejor. Al fin y al cabo, es imposible avanzar si nos ignoramos. Por lo tanto, no te dejes pasar desapercibido.

9. Ámate y ama a los demás

No por ser la última es la menos importante, todo lo contrario. **Amarse a uno mismo es la base que nos proporciona estabilidad** y que permite que pongamos en marcha todo lo demás. De hecho, si no lo hacemos es imposible que amemos de forma sincera a las personas que nos rodean.

Hay que empezar por el propio corazón y, para ello, hay que ser más compasivos con nosotros mismos: permitirnos ser quienes somos y aceptarnos, así como cultivar nuestra autoestima y responsabilidad. Solo de esta manera podremos entregarnos de forma sana a los demás y aceptarlos tal y como son.

Hay un punto, quizá más importante que el hecho
de ser amado, que no se enfatiza lo suficiente.
El ser humano necesita ser amado. Pero no solo ser amado,
sino amar y dejarse amar.
BORIS CYRULNIK

Carta para los momentos difíciles

En las profundidades del invierno finalmente aprendí que en
mi interior habitaba un verano invencible.
ALBERT CAMUS

La vida no siempre es fácil. A veces las circunstancias no son las que desearías, ni las personas actúan como esperabas, ni siquiera tú te ves con la capacidad de conseguir aquello que se erigía como una de tus mayores ilusiones.

De repente todo se desgasta, todo pesa y nada es suficiente. Todo se rompe en mil pedazos y te rompe por dentro a ti también. Solo queda el rastro de lo que pudo haber sido y no fue, de los intentos abocados al fracaso, la espina de la decepción y la ráfaga de la desesperanza. Todo cambia.

Son tantas las ganas que habías puesto. Te habías comprometido totalmente a ello y, sin embargo, todo se ha esfumado como por arte de magia con un solo chasquido de dedos. Sin saber por qué.

«¿Cómo es posible?», te preguntas. ¿Por qué ha pasado esto? Aún te cuesta encontrar algo con sentido. ¿En qué momento se truncó? ¿Por qué no he sido capaz de predecirlo? ¿En qué he fallado? No hay respuestas ni explicaciones, tampoco soluciones, o al menos eso es lo que piensas en este momento. Solo te ves a ti con el peso de lo ocurrido, en un pozo sin fondo cada vez más oscuro.

Es tanto el dolor, tanto el sufrimiento que te embriaga por dentro y la sensación de incomprensión que **sientes que es imposible hacer nada**. Te has cansado de luchar, ya no puedes disimular más. **La tristeza ha ganado terreno**, junto a la culpa, la frustración, las críticas y los reproches, pero también la desilusión. Y es que a veces la vida tiene esa manía de dar giros inesperados, romper ilusiones y multiplicar las dificultades sin pedirnos permiso. Cuesta seguir su ritmo, pues siempre hay sorpresas, detalles que pasas por alto que te impactan a gran escala.

Ahora bien, **es normal que te canses de luchar,** de sentirte siempre fuerte, de ser valiente, de quedar bien con los demás, de mostrarte siempre alegre, especialmente cuando el dolor te ahoga por dentro y tu alma grita que no puede más.

No pasa nada por estar así, no siempre tienes que estar bien, tienes derecho a derrumbarte. No hay nada de malo en expresar tu malestar, en decir cómo estás. ¿Por qué te avergüenzas?

Tu deber no es estar siempre bien, ni dar la imagen de un superhéroe o de persona indestructible. Necesitas desahogarte, dar salida a tu dolor, ese que se agarra a tu estómago, a tu garganta, que te llena de rigidez y te atrapa hasta aislarte por completo. Necesitas poner palabras a tus sentimientos, a cómo te encuentras, pero **también necesitas perdonarte** y ser amable contigo mismo. Tienes que dejar de maltratarte, ser más compasivo y darte una oportunidad. Porque el sufrimiento es inherente al ser humano.

Por muy mal que las cosas hayan salido, no podías haberlo hecho de otra manera. Lo hiciste lo mejor que pudiste. Rememorar el pasado para culparte por no haber hecho las cosas de otra forma e incluso aferrarte a la idea de que si hubieras actuado de otra manera, todo sería diferente, tan solo es una ilusión, una ficción, un cuento que te dices a ti mismo y que te hace más daño porque es imposible cambiar el pasado. Deja de flagelarte.

Los errores forman parte de la vida. Si en algún momento te has confundido, ¿qué problema hay?, ¿de verdad crees que condenarte por ello te saca de algo?, ¿soluciona lo que ha pasado? ¿Crees que tratándote así conseguirás algo? Todos cometemos errores, no somos perfectos. De hecho, gracias a errar también aprendemos. Son intentos fallidos de hacer algo.

Condenarte, castigarte, hablarte mal y exigirte no te está ayudando, todo lo contrario. De hecho, tu día a día está lleno de elecciones y es imposible que siempre elijas la mejor opción. Incluso cuando debes elegir y no lo haces, ya estás eligiendo y, por lo tanto, aparece la posibilidad de equivocarte. Los errores no te hacen ser un monstruo, simplemente te recuerdan que eres humano, imperfecto y falible. Por lo tanto, deja de exigirte, sal de la dominación de tus ideales y expectativas, de esa imagen de quién deberías ser y **déjate ser.**

Eres mucho más que tus palabras, tus errores, tus aciertos, tus comportamientos... Tienes logros, pero también cicatrices, heridas abiertas y metas, y **una historia personal que ha dado forma a quien eres en la actualidad.** Acepta que también te confundes y fracasas, acepta tus derrotas, pero no sin aprender de ellas. Recuerda tus éxitos, pero no te dejes llevar únicamente por ellos. Eres mucho más que todo esto. Quédate con el punto medio y familiarízate con la templanza. Tu resiliencia —esa capacidad que tienes para reponerte— también cuenta, al igual que tu valentía. Porque **seguro que más de una vez has dado un paso a pesar de tener miedo**, te has arriesgado porque querías avanzar y has apostado por ti, por tu futuro, por tus ilusiones y tus objetivos. ¿Ya se te había olvidado?

No dejes que la adversidad nuble todo lo que has conseguido, lo que eres y quieres ser. Permítete estar mal, pero no te arropes con su manto.

Acepta que no siempre las cosas saldrán como esperas, que harás cosas mal, habrá otras que simplemente no sucederán, personas que te fallarán y proyectos que ni siquiera acabarás.

Tienes que dar más oportunidades, tanto a ti como a los demás y, por supuesto, perdonar.

A veces las relaciones no son fáciles, aceptar al otro implica lo suyo, e incluso en ocasiones no vas a conseguirlo ni tampoco debes hacerlo. Pero lo cierto es que pocas son las personas que guardan una mala intención tras sus actos. Tenlo en cuenta cuando surja un problema y pregúntate: ¿de verdad esa persona quería hacerme daño? Sin embargo, eso no quita que las relaciones, para ser nutritivas, deben tener un mínimo de esfuerzo, detalles diarios, cariño, comprensión, respeto y afecto, por supuesto. Y en esto es difícil no fallar en algún momento. Más que nada porque no siempre miras hacia el otro, sobre todo cuando estás estresado o preocupado.

Ahora bien, a pesar de que hay muchas cosas sobre las que no tienes capacidad de elección, **sí que puedes elegir la actitud con la que afrontar la vida**, aunque en ciertos momentos te cueste. Al igual que elegir ser responsable de lo que haces, en lugar de culpar a los demás y las circunstancias.

Sé flexible, ten paciencia, acepta tu vulnerabilidad y sácale provecho. Permite que tus emociones salgan y abrázalas cuando lo necesites, descifra su mensaje. Y, por supuesto, date amor a ti mismo, ese que tanto necesitas y que durante tanto tiempo se te ha olvidado dártelo, porque al fin y al cabo estarás contigo mismo toda la vida, no es justo que te des la espalda. Sé más compasivo contigo mismo.

Ten en cuenta que eres único e irrepetible, que no hay nadie como tú, y precisamente esa es tu grandeza y parte de tu valor, ese que te hace ser tú y no otro. Deja que tu luz interior aparezca, permítete iluminar a través de ella y, en la medida de lo posible, siéntete orgulloso de ti mismo —eso sí, sin pasarte—. Sabes mucho más de lo que crees, lo que ocurre es que te limitas, haces más de lo que piensas, lo que pasa es que no lo tienes en cuenta, y tu valor es mucho mayor de lo que imaginas, porque eres mucho más que aquello que dices, sientes y haces.

Por favor, trata de escucharte, pero de verdad. No tus quejas, sino tus necesidades; no tus críticas, sino lo que puedes mejorar, pero sobre todo date la mano.

Puedes seguir adelante, puedes continuar. **Haz una parada, conecta contigo y sé tu apoyo.** Quizá tengas que revisar algunos objetivos o alguna forma de hacer las cosas, pero lo importante es que no estarás solo, que estarás contigo mismo y que serás consciente de que la adversidad forma parte de la vida, al igual que el sufrimiento, y tendrás que aprender a afrontarlos. Pero, una vez conseguido, siempre será posible salir reforzado.

Antes de terminar, me gustaría que revisaras tu concepto sobre la felicidad después de todo lo que has leído y reflexionado:

¿Qué es la felicidad para ti?

Dibuja o escribe qué es la felicidad para ti

¿Qué te hace feliz?

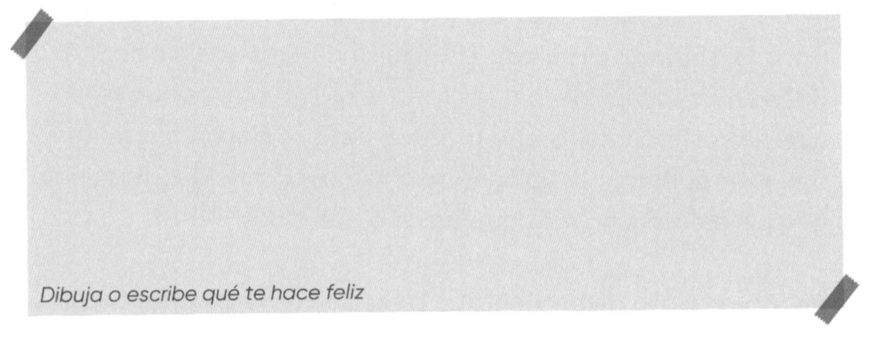

Dibuja o escribe qué te hace feliz

Por último, te propongo hacer tu propio kit de supervivencia para los días malos. Se trata de que apuntes todo aquello que te servirá para gestionar los momentos difíciles que puedan aparecer en tu vida, y que lo utilices cada vez que lo necesites:

Kit para los días malos

- ....
- ....
- ....
- ....
- ....
- ....
- ....
- ....

No tengas miedo de crecer lentamente;
ten miedo solo de quedarte quieto.
MARCO AURELIO

PARA NO OLVIDAR:

→ **Cultiva la flexibilidad mental.** No te cierres a otras opiniones ni te aferres de manera extrema a algunas creencias. No te dejes romper por tu rigidez. Escucha, da oportunidades y aprende. Hay muchos matices que conocer.

→ **Pasa del victimismo a la autocompasión**, del «no puedo hacer nada» al «¿qué puedo hacer», de la pasividad a la acción.

→ **Cuídate y trata siempre de ser mejor persona.** A veces no será fácil, pero merecerá la pena.

→ Los días malos existen y tendrás muchos a lo largo de tu vida, pero no te acomodes en ellos de forma permanente. **Permítete estar mal, acéptalo como una posibilidad, pero recuerda que detrás de cada adversidad siempre hay un aprendizaje.**

Y por último, recuerda...
¡AHORA ES TU MOMENTO!

Bibliografía

ADLER, A. (1955), *El sentido de la vida*, Luís Miracle, Barcelona.

BARNARD, L., y CURRY, J. F. (2011), «Self-Compassion: Conceptualizations, Correlates, & Interventions», en *Review of General Psychology*, vol. 15, n.º 4, pp. 289-303.

BAUMEISTER, R., y VOHS, K. (2007), «Self-regulation, Ego Depletion, and Motivation», en *Social and Personality Psychology Compass*, n.º 1, pp. 1-14.

BEN-SHAHAR, T. (2011), *La búsqueda de la felicidad. Por qué no serás feliz hasta que dejes de perseguir la perfección*, Alienta Editorial, Barcelona.

BISQUERRA ALZINA, R. (2009), *Psicopedagogía de las emociones*, Síntesis, Madrid.

BRANDEN, N. (1995), *Los seis pilares de la autoestima*, Paidós, Barcelona.

BOURBEAU, L. (2003), *Las cinco heridas que impiden ser uno mismo*, OB Stare, Santa Cruz de Tenerife.

CASTANYER, O. (2010), *La asertividad: expresión de una sana autoestima*, Desclée de Brouwer, Bilbao.

CYRULNIK, B. (2016), *Los patitos feos. La resiliencia, una infancia infeliz no determina la vida*, Gedia, Barcelona.

DAMASIO, A. (2018), *La sensación de lo que ocurre*, Destino, Barcelona.

.003), *Controlling People: How To Recognize, Understand, and*) *People Who Try To Control You.* Simon and Schuster, Nueva York.

/. (1979), *Ante el vacío existencial*, Herder Editorial, Barcelona.

V. (2015), *El hombre en busca de sentido*, Herder Editorial, Bar- ıa.

EMAN, D. (1999), *La práctica de la inteligencia emocional*, Kairós, celona.

OTTMAN, J. M., y GOTTMAN, J. S. (2015), *Gottman Couple Therapy. Clinical Handbook of Couple Therapy*, 5ª ed., The Guilford Press, Nueva York.

HARRIS, R. (2012), *Cuestión de confianza. Del miedo a la libertad*, Sal Terrae, Vizcaya.

HOGG, M., y VAUGHAN, G. M. (2010), *Psicología social*, Médica Panamericana, Madrid.

JUNG, C. G. (1934), «Sobre la formación de la personalidad», en C. G. Jung, *Realidad del alma*, Losada, Buenos Aires, pp. 173-200.

KALAT, J. W. (2004), *Psicología Biológica*, Thomsom Paraninfo, Madrid.

LEE DUCKWORTH, A. (2016), *Grit: The Power of Passion and Perseverance*, Simon and Schuster, Nueva York.

LEKNES, S., y TRACEY, I. (2008), «A Common Neurobiology for Pain and Pleasure», en *Nature Reviews Neuroscience*, n.º 9, pp. 314-320.

LUMERA, D. (2014), *Los siete pasos del perdón*, Ediciones Obelisco, Barcelona.

MAKSELON, J. (2011), «The Psychology of Suffering», en *The American Psychologist*, vol. 60, n.º 5, pp. 410-421.

MOLINO, D. P. (2004), «Necesidad de control: análisis conceptual y propuesta experimental», en *Revista Profesional Española de Terapia Cognitivo-Conductual*, n.º 2, pp. 70-91.

NEFF, K., y DAHM, K. A. (2015), «Self-compassion: What It Is, What It Does, and How It Relates to Mindfulness», en Brian D. Ostafin, ed., *Handbook of Mindfulness and Self-Regulation*, Springer, Nueva York, pp. 121-137.

NEIMEYER, R. (1998), *Aprender de la pérdida*, Paidós, Barcelona.

PAYÀS, A. (2010), *Las tareas del duelo: Psicoterapia de duelo desde modelo integrativo relacional*, Paidós Ibérica, Barcelona.

PUBILL, M. J. (2016), *Guía para la intervención emocional breve. Un enfoque integrador*, Paidós, Barcelona.

ROGERS, C. R. (1961), *On Becoming a Person*, Houghton Mifflin, Boston.

SELIGMAN, M. (2017), *Aprenda optimismo. Haga de la vida una experiencia maravillosa*, Debolsillo, Madrid.

SINGER, T., y KLIMECKI, O. M. (2013), «Empathy and Compassion», en *Current Biology*, Cell Press, vol. 12, n.º 204, pp. 156-267.

TOLLE, E. (2009), *Practicando el poder del ahora*, Gaia, Madrid.

WATSON, J. C., y GREENBERG, L. S. (2009), «Empathic Resonance: A Neuroscience Perspective», en J. Decety y W. Ickes, eds., *The Social Neuroscience of Empathy*, MI Press, pp. 125-137.

WILSON, K. G., y LUCIANO SORIANO, M. C. (2002), *Terapia de aceptación y compromiso (ACT)*, Pirámide, Madrid.

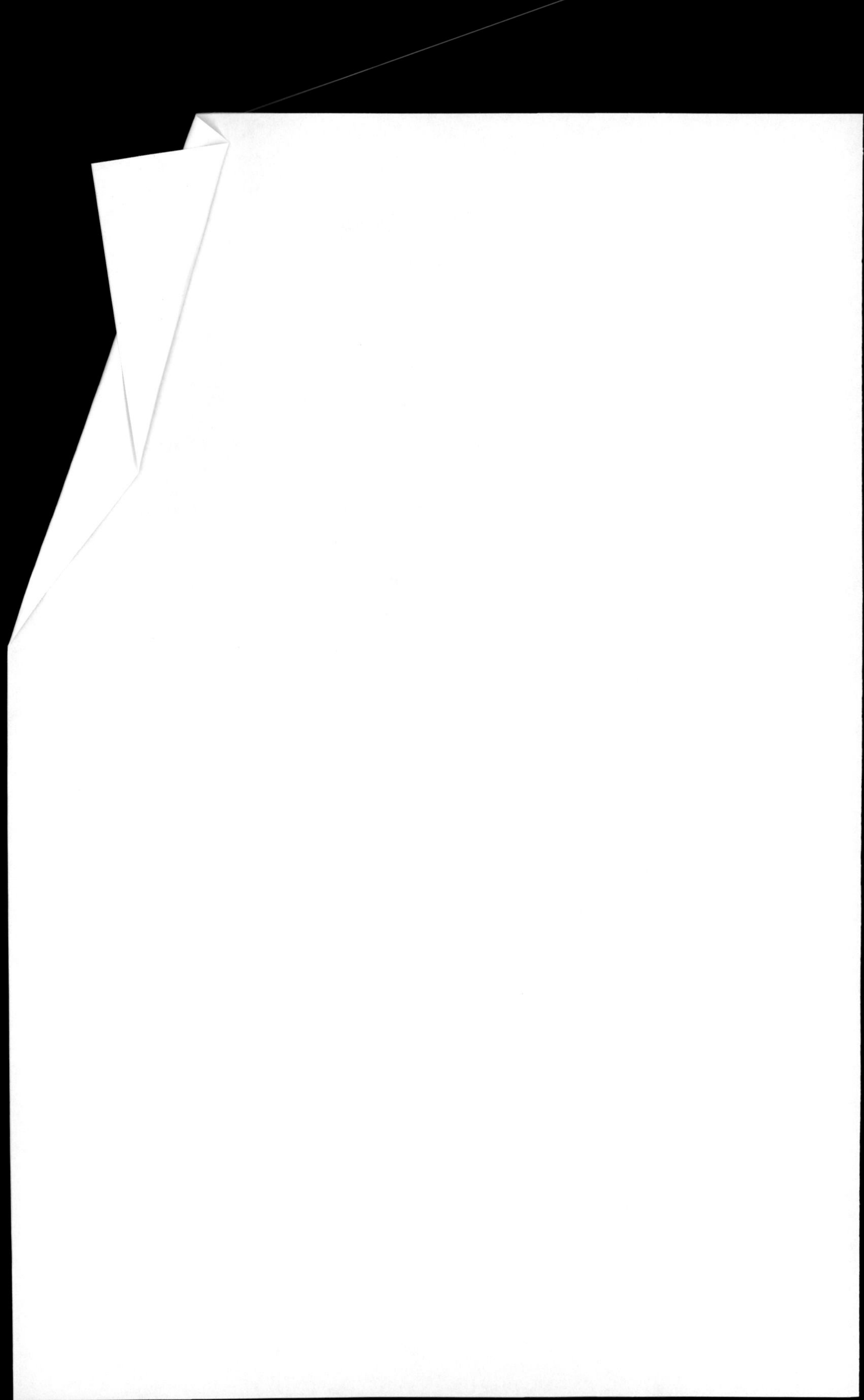